HOW FASCISM WORKS
THE POLITICS OF US AND THEM
JASON STANLEY

ジェイソン・スタンリー

棚橋志行 訳

ファシズムはどこからやってくるか

青土社

ファシズムはどこからやってくるか　目次

ファシズムはどこからやってくるか

エミール、アライン、ケイレフ、タリア、彼らと同世代の人々に本書を捧げる。

はじめに――ファシズム一〇の柱

私は難民として欧州を逃れてきた両親に育てられ、ヒトラーの軍隊を打ち破り前古未曾有の自由民主主義時代を西洋に招き入れた、英雄的国家の話を聞かされて育った。パーキンソン病で重篤な病状にあった父は死期が近づいたとき、仏ノルマンディーの浜辺を訪ねたいと切望した。彼は妻（私の継母）の肩に寄りかかって生涯の夢をかなえ、数多くの勇敢な米国人青年が命を落とした場所を歩いた。しかし、私の家族が米国のこの遺産を称え、名誉と感じていたのは確かだが、米国の「英雄的資質《ヒロイズム》」と「自由の概念」が一枚岩であったためしはないことも両親は知っていた。

第二次世界大戦前、かの偉大な飛行家チャールズ・リンドバーグは大西洋単独無着陸飛行をはじめとする大胆な飛行と新しい技術を賛美する姿勢で、米ヒロイズムの象徴となった。彼は名声と英雄の地位を活用して〝米国第一《アメリカ・ファースト》〟運動に指導的役割を果たし、対ナチス・ドイツ戦争への参入に反対した。一九三九年、最もアメリカ的な雑誌と言われたリーダーズダイジェストに掲載された「飛行、地理、人種」と題する随筆で、リンドバーグはナチズムに近い考えを掲げている。

いまこそ諍《いさか》いをやめ、私たちの〝白い〟砦を築き直すときだ。この異人種との共生が意味するのは、私たちの死に他ならない。無限の異海にのみ込まれる前に、モンゴル人、ペルシャ人、ムーア人［北アフリカのイスラム教徒］から私たちの遺産を守るときが来た。[*1]

同じ一九三九年の七月、当時六歳だった私の父マンフレッドは何カ月かの潜伏後、ナチス・ドイツの手を逃れて祖母のイルゼと共にベルリンのテンペルホーフ空港を飛び立った。八月三日にはニューヨークに到着し、父の乗った船は波止場へ向かう途中、〈自由の女神〉像の横をゆっくりと通り過ぎていった。わが家には一九二〇年代から三〇年代のアルバムが残っている。最後のページに貼られた六枚の異なる写真は、〈自由の女神〉が少しずつ近づいてくるところを写している。

〝アメリカ・ファースト〟運動は当時の米国の「親ファシズム感情」を示す表向きの顔だった。[*2] 一九二〇～三〇年代には多くの米国人が、移民——とりわけ非ヨーロッパ系移民

――を排斥すべきという点で、リンドバーグと考えを一にしていた。米国への移民を厳しく制限した〈一九二四年移民制限法〉は、非白人とユダヤ人の移住を制限する目的で制定されたものだ。一九三九年に米国への入国を許可された難民が皆無に近かったことを考えると、私の父がその一人だったのは奇跡と言ってもいい。

二〇一六年、ドナルド・トランプは大統領選の選挙運動《キャンペーン》に掲げるスローガンのひとつとして〝アメリカ・ファースト〟を復活させ、大統領に就任したその週から難民を含めた移民の渡航禁止手続きを着々と進め、特にアラブ諸国の人々の入国を厳しく制限した。彼は米国内に何百万といる中南米出身の不法就労者を国外に退去させ、彼らが連れてきた子どもたちを国外退去から守る法律を無効にする、と請け合った。二〇一七年九月、トランプ政権は翌年入国を許可する難民に四万五〇〇〇という人数制限を設けた――大統領が移民の受け入れに上限を設けるようになって以来、最小の数字だ。

トランプが〝アメリカ・ファースト〟でリンドバーグの記憶を甦らせたとすれば、それ以降の彼の選挙運動は、歴史上のある地点への漠とした憧れも表明した――〝米国をふたたび偉大にする〟というものだ。しかし、選挙運動を展開するトランプの目には、いったい米国が偉大だったのはいつと映っていたのだろう？　米国が黒人を奴隷化していた一九世紀か？　南部の黒人が選挙権を剥奪されていた黒人差別法［ジム・クロウ法］時代か？　トランプの選挙運動が〝最も輝かしい一〇年〟と考えていた時期を推測するヒントは、二〇一六年一一月一八日に米娯楽産業界誌ハリウッド・リポーターが次期大統領の選対本部長を務めていたスティーブ・バノンに行ったインタビューに顔をのぞかせている。そこでバノンは来るべき時代について、「一九三〇年代と同じくらい胸躍る時代」と語った。つまり、米国のファシズムへの共感が最も高まった時代のことだ。

近年、世界のあちこちで多くの国が、ある種の極右ナショナリズムに突き上げを受けてきた。そのリストにはロシア、ハンガリー、ポーランド、インド、トルコ、米国の名が挙がる。それぞれの国に独特の背景があるため、こういう現象を一般化する作業にはつねに隔靴掻痒《かっかそうよう》の感がともなう。それでも、現時点ではこういう一般化作業が必要だ。独裁的指導者が自国の代表を自任する民族国家《ネイション》を念頭に、私はさまざまな（民族的、宗教的、文化的）超国家主義《ウルトラナショナリズム》に貼りつけるラベルとして〝ファシズム〟という言葉を選んだ。二〇一六年七月の共和党全国大会で〝私はあなたがたの代弁者だ〟と演説したドナルド・トランプを思い浮かべていただきたい。

本書の関心はファシスト政治にある。具体的には、権力を獲得する仕組《メカニズム》みとしての〝ファシスト戦術〟に。こういう戦術を用いる人々がひとたび権力の座に就いたとき、彼らが打ち立てる政治体制のほとんどは独自の歴史的条件によって決定される。ドイツで起こったことはイタリアで起こったこととは異なる。ファシスト政治がかならずしも露骨なファシスト国家をもたらすわけではないが、それでも危険なことに変わりはない。

ファシスト政治には数多くの明確な戦略が含まれる。神話的過去、政治宣伝《プロパガンダ》、反知性主義（高等教育への攻撃）、非現実性（陰謀説）、階層構造《ヒエラルキー》、被害者意識、法と秩序、性的不安、ハートランド［保守的で伝統的な価値観が支配的な地域］への回帰、「社会福祉と団結」の解体。私はこれらを〝ファシズム一〇の柱〟と呼んでいる。一部の要素については、その擁護に違法性があるわけではなく、ときには正当視されることもあるが、歴史上には、これらの要素がひとつの党やひとつの政治運動に結集するときがある。それは危険な瞬間だ。今日の米国では、共和党の政治家がこうした戦略を用いる頻度がどんどん上がっている。彼らがこの政治手段に走る傾向の高まりに、誠実な保守派政治家はためらいを感じるべきだ。

ファシスト政治の危険は、それがさまざまな階層の人々から人間性を奪おうとする独特の手口に由来する。特定の集団を排除することでほかの市民の共感力を制限し、「自由の抑圧」から「大量投獄」、「社会からの排除」、果ては「大量虐殺」まで、非人道的な仕打ちが正当化されていく。

集団虐殺《ジェノサイド》と民族浄化運動の前段階では、本書で説明するような政治手法がたびたび使われている。ナチス・ドイツや、ルワンダ、現在のミャンマーでは、政権が大量虐殺に転じる何カ月もしくは何年か前に、民族浄化の犠牲者が政治指導者やマスメディアから「言葉の攻撃」を受けていた。こういう前例を考えると、大統領候補、大統領としてドナルド・

トランプが公然とあからさまに移民集団を侮辱してきたことには、米国の全市民が不安を覚えるべきだ。

明らかなファシスト的国家がまだ出現していないときでも、ファシスト政治が少数派から人間性を奪っているかもしれない。[*3]ミャンマーは民主制に移行しつつあるという見方もあるだろう。しかし、ベンガル系イスラム教徒ロヒンギャに五年にわたって投げつけられた残忍な修辞《レトリック》は、結果として、第二次世界大戦以降最悪級の民族浄化をもたらすことになった。

ひと目でそれとわかるファシスト政治の兆候に、〝分断〟がある。その狙いは国民を〝我々〟と〝やつら〟に分離することにある。さまざまな政治運動にこういう分断の意図が潜んでいる。例えば、共産主義政治は階級区分を武器化する。ファシスト政治を説明するとき、そこには民族や宗教や人種の違いに訴えて国民を〝我々〟と〝やつら〟に区分し、この分断を利用して観念体系《イデオロギー》を——やがては、政策を——形作っていくという、独特の手法が含まれる。

ファシスト政治家は自分たちの「現在の展望」を裏づける**神話的過去**を創り出しながら共通の歴史観を破壊することで、自分たちの思想を正当化する。彼らは**政治宣伝**《プロパガンダ》で理想を語る言葉をねじ曲げ、**反知性主義**を推し進めて自分たちの考えに盾突く恐れのある大学と教育システムを攻撃することで、人々の現実についての共通認識を書き換える。ファシスト政治は最終的に、これらの技術を用いて陰謀説と偽《フェイク》ニュースが冷静な議論に取って代わる**非現実的な**［虚構の］国を創り出していく。

　現実についての共通認識が崩れていくうちに、ファシスト政治は有害な誤った考えが根を下ろす場所をこしらえていく。ファシズムは「集団によって優劣があること」に慣れさせ、それによって人の価値を**階層構造**《ヒエラルキー》化することが自然や科学の法則にかなっているかのように見せる。社会的な格付けや区分が固まったところで、「集団相互の理解」を「恐怖」に置き換える。少数派集団の前進は支配者集団に**被害者意識**をかき立てる。「**法と秩序**」を掲げる政治は大衆に受け入れられやすく、〝我々〟は法律を守っている市民で、対照的に〝やつら〟は国家の男らしさを脅かす無法な犯罪者である、といった具合に役を振り分けていく。男女平等の推進は家父長的な階層構造を脅かすため、**性的不安**を煽《あお》るのもファシスト政治の常套手段だ。

　〝やつら〟への不安が増すあいだに、〝我々〟は高潔なすべてを代表する。自由主義的な寛容の姿勢に勇気を得て都市部に暮らす少数派集団の存在や、都市部の世界市民主義《コスモポリタニズム》の脅威にさらされながらも、いまなお民族《ネイション》国家の純粋な価値と伝統が奇跡的に存続しているハートランドに、〝我々〟は暮らしている。〝我々〟は熱心な働き者で、額に汗して社会的地位を勝ち取ってきた。それに対して〝やつら〟は怠け者で、〝我々〟の福祉制度の寛大さにつけ込み、あるいは正直な働き者の市民をしかるべき報酬から遠ざけることを目的に作られた労働組合のような堕落した組織を利用することで、〝我々〟の生み出すものをかすめ取って暮らしている。〝我々〟は税金に頼らない人で、〝やつら〟は税金に頼る人だ。

ファシズムのイデオロギー構造、つまりファシスト政治が機能する仕組みが「他者」の上に築かれていることを、多くの人はよくわかっていない。繰り返すことを要求される政治スローガンの数々がどう関連し合っているのか、多くの人はわかっていない。「自由民主的政治の合法的戦術」と「ファシスト政治の不当な戦術」の違いを見分けられるような重要なツールを皆さんに提供したいと願って、私は本書を執筆した。

米国の歴史には、自由民主主義が生み出した最高の遺産といっしょにファシスト思想のルーツも見つけることができる（事実、ヒトラーは〈南部連合国〉と黒人差別法に着想《インスピレーション》を得ている）。ファシスト政権から大量の難民が逃げ出した第二次世界大戦の恐怖を経て、一九四八年の〈世界人権宣言〉はすべての人間の尊厳を確認した。この文書の起草と採択は元ファーストレディのエレノア・ルーズベルトが陣頭指揮を執って実現したもので、これは戦後、米国の建国理念のみならず新設された国際連合の理念をも表していた。じつに大胆な声明だ。人間性に対する自由民主主義的な理解を力強く反復し、文字どおり全世界の共同体へ拡大するものだった。これはすべての国家と文化を束ねてあらゆる人間の平等を尊重する献身努力の共有をうながし、植民地主義や大量虐殺、人種差別、世界規模の戦争、ファシズムによる荒廃に直面して砕け散った世界で、数多《あまた》の人々の心に響き渡った。戦後のことでもあり、同宣言の第一四条――すべて人は、迫害を逃れるため、他国に避難することを求め、かつ避難する権利を有する――は、とりわけ心を打つ内容で、あらゆる人間には亡命によって保護を求める権利があることを厳粛に認めている。同宣言は第二次世界大戦中に経験された苦痛が繰り返されるのを防ごうとすると同時に、ある種の人々がそれまで暮らしていた国から逃亡を余儀なくされる可能性を見通していたわけだ。

今日のファシズムは一九三〇年代のそれとは少し違って見えるかもしれないが、難民はいまもあちこちの路上にいる。国家が包囲されて異質の人々が国境の内外で脅威となり危険と化しているというファシズムのプロパガンダを、多くの国で難民たちが陥っている窮状が後押ししている。異邦人の苦難はファシズムの構造を強固にする。それでも、ひとたび別のレンズを嵌《は》め込んで、それを通して世の中を見ることができたら、人々の共感をうながすこともできるはずなのだ。

1

神話的過去

THE MYTHIC PAST

反ユダヤ主義者は伝統の名において、彼らの〝観点〟を位置づける。彼らは伝統と長い歴史的過去、パスカルやデカルトとの血縁関係において、共同体への仲間入りを決して許さないとユダヤ人に言う。

――フランツ・ファノン『黒い皮膚、白い仮面』（一九五二年）

ファシスト政治が自分たちの起源とかならず主張する、過去の話から本書を始めるのは自然の理だ。悲劇によって破壊された純然たる「神話的過去」があったとファシスト政治は主張する。その国をどう定義するかによって、その神話的過去は宗教的に純粋な過去にも、人種的に純粋な過去にも、文化的に純粋な過去にも、その全部にもなるだろう。しかし、ファシズムの神話化にはかならず共通の構造が存在する。ファシストが唱える神話的過去では――ほんの数世代前の過去であっても――「家父長制家族」の極端な例が絶大な権力を振るっている。時間の流れをさらにさかのぼれば、神話的過去はその国が栄光をほしいままにしたときで、愛国心の強い将軍たちが率いた征服戦争があり、その軍隊には壮健かつ忠実な戦士が詰め込まれていて、彼らの妻は自宅で次の世代を育てている。現代のファシスト政治ではこのような神話が国民の帰属意識の礎になる。

過激な国家主義者《ナショナリスト》のレトリックによれば、こうした輝かしい過去はグローバリズムや世界市民主義《コスモポリタニズム》や平等といった〝普遍的価値〟を尊重したがためにもたらされた屈辱的な出来事で失われ、その国はこれらの価値がもたらす現実の脅威にさらされて弱体化させられた。

大体において、このような神話は存在したことのない「過去の同一性」幻想に基づいている。しかし、その幻想はいまも、いわゆる都市部の自由主義的堕落に比較的汚染されずにすんだ小さな町や農村部の伝統の中に生き残っている。言語、宗教、地理、民族などを同じくするこの「同一性」は、ある種のナショナリズム運動ではあたりまえのことかもしれないが、ファシズムの神話は「神に選ばれた民族」で構成される国が他国を支配した輝かしい歴史を創り出すことで、自国の存在を際立たせようとする。例えば、ファシストの夢想する過去にはかならず、伝統的かつ家父長的（男性支配的）な「男女別の役割分担」が含まれている。ファシストが持ち出す神話的過去には固有の構造があり、それが権威主義的、階層構造的なイデオロギーを支えている。持ち出される「過去の社会」がファシスト政治の主張するほど家父長的だったり栄光に満ちていたりしたことはまずない。この夢想の紡ぎ出した歴史が階層構造化社会を押しつけるための理屈として提供され、それがいまの社会の在り方や、人々の振る舞いを決定づけていく。

一九二二年、ベニート・ムッソリーニはナポリで開かれたファシスト党大会で演説し、以下のように宣言した。


私たちはみずからの神話を創造した。神話は信仰であり、熱情である。それは現実であることを必要としない……私たちの神話は民族、偉大な民族である！　私たちはこの神話を具体的な現実にし、そこにあらゆるものを従属させたい。[*1]

ここでムッソリーニが明らかにしているのは、ファシストの神話的過去は意図的に創られた神話であるということだ。神話的過去がファシスト政治に果たす機能は、独裁主義、階層制、純粋性、闘争といったファシズムのイデオロギーの中核的信条に、懐古《ノスタルジア》の情をかぶせることにある。

ファシスト政治は神話的過去を創造することによって、「ノスタルジア」と「ファシズムの理想の実現」を結びつける。ドイツのファシストたちは神話的過去の戦略的活用について、その真価をはっきり認めていた。ナチスの指導的理論家で、有名な党機関紙フェルキッシャー・ベオバハターの編集長も務めたアルフレート・ローゼンベルクは、一九二四年、〝我々自身の神話的過去を理解することとその過去に敬意を払うことで、次の世代をこれまで以上に強固に欧州の本来の土地につなぎ止めるための第一条件が形成される[*2]〟と書いている。ファシストの神話的過去は〝現状を変える〟ために存在する、ということだ。

家父長制家族はファシスト政治家が社会に創り出そうとする——あるいは、彼らの主張によればそこへ回帰すべき——ひとつの理想であり、最近は自由主義《リベラリズム》と世界市民主義の台頭で勢いを失っているものの、家父長制家族はかならず国家の伝統の中核と表現される。ファシズム社会では国家指導者を、伝統的な家父長制家族の父親になぞらえる。国家指導者は国家の父であり、家父長制家族で父親の強さと力が妻子に対する道徳的な絶対権限の源とされるように、国家指導者の法的権限の源も強さと力にある。伝統的な家族で父親が稼ぎ手を務めるように、国家指導者は自国を養う。家父長制における父親の権限は強さに由来し、強さは独裁主義最大の価値だ。自国の過去には家父長制家族の構造があったと主張することで、ファシスト政治は階層制的で独裁主義的な社会構造にノスタルジーを結びつけ、こういう規範を代表する最も純粋な構造であると主張する。

グレゴール・シュトラッサーは一九二〇年代に国家社会主義ドイツ労働党——ナチ党——の宣伝全国指導者《プロパガンダ・チーフ》を務め、この地位はのちにヨーゼフ・ゲッベルスへと引き継がれる。シュトラッサーは、「男にとって軍役は最も深遠かつ重要な参加形態である——女にとってのそれは母であることだ！」[*3]と語っている。〈ドイツ女性協会〉の代表代理だったパウラ・シーベルは、国家社会主義ドイツ労働者党の女性に関する公式政策を反映するために作成された一九三三年の文書で、〃女性であることは母であることであり、母であることの価値とそれを生命法則にすることを、全身全霊をかけて肯定する（…）国家社会主義者の女性の最も崇高な仕事は子どもを産むだけでなく、国民のために子どもを育てるという母としての役割と義務に全身全霊をかけて献身することである[*4]〃と宣言した。国家社会主義に詳しい歴史学者のリヒャルト・グルンベルガーは、〃女性問題に関するナチスの思想の核にあるのは、男女間の不平等は人種間の不平等と同じくらい不変のものという教義《ドグマ》である[*5]〃と総括している。インドの歴史家チャル・グプタは一九九一年の論文「性政策――ナチス・ドイツの女性たち」で、〃ナチス・ドイツの女性に対する抑圧は、二〇世紀の男性上位主義の最も極端なケースと言って過言でない[*6]〃と述べている。

性別役割分担の理念がいま、またしても政治運動を定義している。二〇一五年、ポーランドの右派政党〈法と正義〉（ＰｉＳ）は議会選挙で議席の過半数を獲得し、第一党に躍り出た。このＰｉＳの核心には、ポーランド農村部の保守キリスト教的伝統への回帰を求める思想が存在する。ここの政治家のほとんどは公然と同性愛への嫌悪を表明する。移民の受け入れに反対する彼らの姿勢と、同党の政府閣僚にラジオ・テレビ局の放送局長を解雇・雇用する権限を与えて国内メディアを完全統制するための法律をつくり出すといったきわめて反民主主義的な手法に、欧州連合（ＥＵ）は非難を浴びせてきた。しかし、同党の姿勢で世界的に最もよく知られているのは「ジェンダー攻撃の過激さ」だ。ポーランドではずっと妊娠中絶が禁じられてきた。例外は、出産が胎児に重篤かつ修復不能な損傷をもたらす場合や、母体に重大な危険が考えられる場合、強姦や近親相姦の結果妊娠した場合に限られている。ＰｉＳが提出した新しい法案が成立していたら、中絶禁止の例外から強姦と近親相姦も除外され、手術を求めた女性は投獄刑を科せられることになっていた。この法案が通過しなかったのは、ポーランド都市部の女性たちが街路で大規模な抗議デモを繰り広げたからに他ならない。

米国を含めた世界のあちこちでジェンダーをめぐる同じような考えが増えてきて、歴史に照らしその考えが支持されることも少なくない。アンドルー・アングリンとともにオンライン・ファシズム新聞デイリー・ストーマーを運営していたアンドルー・オーレンハイマー（別名ウィーブ）は、二〇一七年五月、同紙に「伝統的な男女別の役割とは何か？」と題する記事を書いた。そこで彼は、ユダヤ人やロマ族などいくつかの母系社会を除いたすべての欧州文化で、女性は伝統的に財産（所有物）と見なされてきた、と主張した。

だからユダヤ人はこういう考えをしきりに攻撃しようとする。彼らの文化にとっては父系に財産が手渡されていくことが本質的に不愉快なのだ。女性は自立した存在であるというばかげた概念があるのは欧州だけで、それはユダヤ教が媒介する組織立った破壊行為があるからなのだ。[*7]

ウィーブに言わせると、二〇世紀のナチズムを反映した家父長的な男女別の役割分担は、欧州の歴史、つまり「白人の欧州」という〝輝かしい過去〟の中核を担ってきた。

その過去は伝統的な男女別の役割分担を支持するだけでなく、男女別の役割にこだわると思われる集団とそうでない集団を区分する、とウィーブは述べている。ナチス・ドイツからもっと最近に至るまで、この悪意の区分がエスカレートしたときには大量虐殺を引き起こす可能性まであった。フツ族至上主義運動は一九九四年の「ルワンダ虐殺」に至る数年間にルワンダで発生した、ファシズム的民族至上主義運動だ。一九九〇年、反ツチ族系の新聞カングラは「フツの十戒」を掲載した。最初の三つはジェンダーにまつわるものだ。その一は、ツチ族の女と結婚したフツ族の男はすべて、フツ族の純粋な血統を汚す裏切り者と断じている。その三はフツ族の女性に、夫や兄弟や息子がツチ族の女と結婚しないよう気をつけろと呼びかけている。その二を以下に記す。

二　フツ族の娘は女性、妻、母の役割を凛々しく誠実に果たしていることを、フツ族の男性は知るべきだ。彼女たちは（ツチ族の女に比べて）より美しく、秘書として有能で、かつ誠実ではないか？

フツ族至上主義のイデオロギーでは、フツ族の女性は妻と母親としてのみ存在し、フツ族の純粋性を確保する神聖な責任を委ねられている。一九九四年に起きた大量虐殺では、この民族的純粋性の追求がツチ族殺害を正当化する重要な理由づけとなった。

当然ながら、性差を露《あらわ》にした語法や女性の役割と特別な価値への言及が、その意味合いをよく考えないまま政治的演説に折り込まれることも多い。二〇一六年の米大統領選で、共和党の大統領候補ドナルド・トランプが女性の尊厳を著しく傷つける発言をした映像が明るみに出た。二〇一二年の大統領選で共和党大統領候補になったミット・ロムニーは、トランプの発言は「私たちの妻と娘たちを卑しめるもの」と語った。共和党の元下院議長ポール・ライアンは「女性は擁護され崇敬されるべき存在であり、モノ扱いされるべきではない」と言った。どちらの発言も、米共和党の政策の多くに典型的な家父長的思想が潜在意識にあることを暴露している。これら政治家は事実をずばり指摘することもできたはずだ――トランプの発言は同胞の半分を貶《おとし》めていると。ところがロムニーは、あの〈フツの十戒〉に使われた表現を彷彿させる話法で、女性を家庭における伝統的な〝妻と娘〟という従属的な役割の観点からしか表現していない――姉妹にさえ言及していないのだ。「平等な尊重」の対象ではなく「崇敬」の対象と表現したポール・ライアンは、女性のモノ扱いを非難すると言いながらじつはモノ扱いしていた。

ファシスト政治の家父長制家族は国の伝統にまつわる大きな物語に埋め込まれている。ハンガリーのビクトル・オルバン首相は選挙を経て二〇一〇年に公職に就いた。オルバンは国の自由主義的な制度の破壊を進め、「非自由主義国家」と公言するものの創造に邁進してきた。二〇一一年四月、オルバンはハンガリーの新憲法〈ハンガリー基本法〉を導入した。〈基本法〉の目標は、〝一千年前、私たちの国をキリスト教欧州の一部にした〟聖イシュトバーンによるハンガリー国の設立を称えることから始まる、冒頭の〈国家公言〉に述べられている。〈国家公言〉はさらに、〝私たちの民族は何世紀ものあいだ一連の闘争で（おそらくは、イスラム教徒のオスマン帝国から）欧州を守ってきた〟という誇りを表明している。また、〝国家の保護にキリスト教が果たす役割〟を認め、〝私たちの遺産の強化と保護〟に全力を傾けることを誓っている。〈国家公言〉はその結びに、〝精神と知性を更新する必要を甘受〟し、ハンガリーの新しい世代に〝ハンガリーをふたたび偉大にする〟方法を提供すると誓っている。

〈基本法〉冒頭の〝原則〟に連ねられた条項には、さまざまな文言が添えられている。第L条の全文を以下に記す。

（1）ハンガリーは自由意志による男女の結びつきとしての「結婚制度」と、国家存亡の土台である「家族」を保護する。家族の絆の基本は「結婚」と「親子関係」の両方、もしくはその片方に基づく。
（2）ハンガリーは子どもを持つことへの献身を奨励する。
（3）家族の保護は基本的な〈法令〉で規定される。

一連の条項の二番目〈自由と責任〉の条文にはローマ数字が付与されている。その第Ⅱ条は人工中絶を禁じるものだ。

家父長制は過去の高潔な慣習であり、自由主義からそれを守ることを国の基本法に明記しなければならない、というメッセージが明白に打ち出されている。ファシスト政治では、自由主義の理念の侵入とそれが引き起こすさまざまな脅威に家父長制がさらされる過去があったという「神話」は、男性と支配集団の両方に、階層社会で支配的地位を失うことへの恐慌《パニック》を創り出す。彼らが異質なものの侵入から純粋性と地位を守る力を失う可能性をほのめかし、「恐怖や動揺」をかき立てるのだ。

家父長制社会への〝回帰〟がファシスト政治の階層構造を強固にするとすれば、その階層の源はさらに深い過去までさかのぼる――ハンガリーの場合は、聖イシュトバーンの時代まで。「輝かしい過去」の時代、神に選ばれた国家共同体や民族共同体の構成員は同胞のために文化的、経済的目標を掲げて「最上位という正当な地位」を獲得した。これは戦略上、きわめて重要なポイントだ。私たちはファシスト政治を階層制の政治（例えば米国では白人至上主義が恒久的な上位階層を求め、その必然をほのめかす）と捉え、階層社会を実現するために「現実」を「権力」に置き換える技術と捉えることができる。もし誰かが民衆に、自分たちが特別な存在なのは当然で、生まれながらに――あるいは宗教的運命によって――他者を支配する定めにあると納得させたら、その誰かはすでに恐ろしい嘘を民衆に納得させたことになる。

国家社会主義運動はドイツのフェルキッシュ〔民族主義〕運動に由来し、提唱者たちはドイツ中世の神話的過去の伝統へ回帰せよと求めた。アドルフ・ヒトラーは彼の〈第三帝国〉のモデルとして古代ギリシャのある種の展望のほうにより強く執心していたが、アルフレート・ローゼンベルクやハインリヒ・ヒムラーらナチ党指導者たちはフェルキッシュ思想の熱心な崇拝者であり、支援者だった。バーナード・ミーズはドイツの古物研究と国家社会主義が結びついた歴史を題材に、二〇〇八年の研究書『鉤十字章の科学』〔未邦訳〕で以下のように述べている。

フェルキッシュの書き手たちは古代ドイツという概念が実用的な目的にかなう可能性をたちまち見抜いた。ドイツの輝かしい過去を、現在の帝国主義的な目的を正当化するために利用できる、と。一九三〇年代後半のナチ党の定期刊行物では、大陸欧州を支配せんとするヒトラーの欲望は、先史時代のアーリア人とその後大陸各地で起こったゲルマン人の大移動を再現してドイツの運命を実現することに他ならないと説明されていた。[*8]

以来、ローゼンベルク、ヒムラーらナチ党指導者が立てた戦術は他国のファシスト政治を鼓舞してきた。インドのヒンドゥトバ運動を信奉する人々によれば、ヒンドゥー［ヒンダスタン地方の住民］はインドの先住民族であり、イスラム教徒や、のちに堕落した西洋的価値を紹介するキリスト教徒がやってくるまでは、家父長的慣習にのっとったきわめて禁欲的な性的習慣を守って暮らしていた。ヒンドゥトバ運動はインドの正史として学者たちが認める事実を劇的に補完するべく、インド版の「神話的過去」をでっち上げた。ヒンドゥー至上主義を掲げる現インドの政権与党であり国粋主義政党である〈インド人民党〉（ＢＪＰ）はヒンドゥトバのイデオロギーを公的信条に掲げ、家父長的、超保守的で、民族的、宗教的に純粋だった「神話的過去」への回帰を呼びかけ、感情に訴えるレトリックを駆使して政権を勝ち取った。ＢＪＰの政治思想は非インド系少数民族の抑圧を主張したインドの過激な極右国粋主義政党〈民族義勇団〉（ＲＳＳ）の流れを汲んでいる。マハトマ・ガンディーを暗殺したナトラム・ゴドセは、現首相ナレンドラ・モディと同じくＲＳＳの一員だった。ＲＳＳが欧州ファシズム運動の影響を受けていたのは明らかで、その指導的政治家たちは一九三〇年代後半から四〇年代にかけて、繰り返しヒトラーとムッソリーニを称えていた。

このように歴史上に階層社会を構築（捏造）することの戦略目標は〝真実の駆逐〟にあり、「輝かしい過去」のでっち上げには不都合な真実の抹消も含まれる。ファシスト政治は過去をやみくもに崇拝するが、やみくもに崇拝される過去が「本当の過去」であったためしはない。こうした捏造された歴史はその国が過去に犯した罪の軽減、あるいは完全な抹消を目論む。陰謀めいた言説を弄し、真の歴史をリベラルエリートや世界市民主義者の手で歪められた物語であると主張するのは、ファシスト政治家の常套手段だ。米国では南北戦争終結後しばらく経ったころ、南部の勇ましい過去を神話化した歴史の一部として〈南部連合国〉の記念碑が出現しはじめ、その神話的歴史の中で「奴隷制度の恐怖」は希釈されていった。トランプ大統領はこの「神話化された過去」と「奴隷制」を結びつける作業を、米国の白人が自分たちの〝遺産〟を称えることを不当に貶めようとする試みである、と糾弾した。

本当の過去が消去されれば、民族的に純粋で高潔な国家が過去にあったという幻想に正当性を与えてしまう。ミャンマーで起こったロヒンギャの民族浄化には、彼らの物理的存在と歴史的存在の痕跡をすべて消し去ろうとする動きまであった。伝統的にロヒンギャが暮らしてきたラカイン州の保安省職員ウキャウサンフラに言わせれば、「ロヒンギャなどというものはない。それは偽《フェイク》ニュースだ」となる。[*9] 二〇一七年一〇月に国連人権高等弁務官事務所が行った報告によれば、ミャンマーの治安部隊は〝ロヒンギャの記憶にある風景の痕跡を、彼らが土地に帰ってきてもどこかわからないくらいズタズタに破壊して、事実上すべてを消し去るために働いてきた〟。二〇一二年以前には多民族・多宗教の共同体として繁栄していたミャンマー・ラカイン州の特定地域が、イスラム教住民の記憶を消し去るために完全に変形されたわけだ。

ファシスト政治は自国の過去にあった暗い瞬間をすべて拒絶する。二〇一八年の前半、ポーランド議会はナチス占領時代にその地域に対して行われた残虐行為にポーランドが加担していたとほのめかすことを違法とする法案を通過させた。その時期にそういう性質の大虐殺があったことは、文書でしっかり裏づけられているにもかかわらず。ラジオ・ポーランドによれば、「法案の第五五a条第一項には、〝ポーランドはドイツ〈第三帝国〉によって行われたナチスの犯罪に責任の一端がある、あるいは、それどころかその犯罪に加担したと公に批判する者や、平和と人間性に反する犯罪、戦争犯罪、真の容疑者を著しく矮小化する者は、罰金刑または三年以下の投獄刑に処する〟」とある。トルコの刑法第三〇一条は第一次世界大戦中のアルメニア人大量虐殺に言及することを含め〝トルコを侮辱すること〟を違法と定めている。国の過去を消去することを合法化するこうした試みこそが、ファシズム政権の特徴なのだ。

〈国民戦線〉［現・国民連合］はフランスの極右政党で、ネオ・ファシズム政党として西欧で初めて選挙で大成功を収めた。党創始者のジャンマリー・ルペンはホロコースト［ユダヤ人大虐殺］の事実を否定して有罪判決を受けたことがある。〈国民戦線〉指導者としてルペンの後を継いだのは彼の娘マリーヌで、彼女は二〇一七年の大統領選で次点につけた。ビシー政権下でフランス国内のユダヤ人が集められてナチスの〝死の収容所〟へ送られた事件にフランス警察が果たした役割は、文書によって充分に裏づけられている。ところがマリーヌ・ルペンは二〇一七年の選挙運動中、自転車競技場ベロドローム・ディベールに一万三〇〇〇人が駆り集められてナチスの〝死の収容所〟へ送られた〈ユダヤ人大量検挙事件〉［一九四二年］にフランスが連座していたことを否定した。同年四月に行われたテレビ・インタビューで、彼女は「ベロドローム・ディベール事件の責任はフランスにはないと考えます。（…）一般的に見て、責任を負うべき人々がいるとすれば、それは当時権力の座にあった人々でしょう。それはフランスではない」と語った。彼女はさらに、「主流を占める一般教養として、わが国の子どもたちは国を批判し、ひょっとすると、歴史の最も暗い側面だけを見るよう教えられてきた。だから私は彼らに、フランス人であることにもういちど誇りを持ってもらいたい」と付け加えた。

ホロコーストの事実を公然と否定することが法律で禁じられているドイツでは、二〇一七年の連邦議会選で極右政党〈ドイツのための選択肢〉（AfD）が三位に躍進し、ドイツ主流層に衝撃を与えた。選挙運動中の同年九月、同党指導者の一人アレクサンダー・ガウラントは演説の中で、「ドイツ人くらい偽りの過去をはっきり突きつけられてきた国民はない」と述べた。つまり、ドイツ人には〝二度の世界大戦で私たちの兵士が成し遂げたことを誇りに思う〟自由がある、という意味だ。米共和党の政治家たちが奴隷制度の残忍さについての正確な歴史研究を指して、南部出身の白人を〝不当に差別する〟手法と非難し、白人の憤りを得票に結びつけようとしているのと同じように、AfDはナチス・ドイツの過去に関する正確な歴史を、ドイツ国民を不当に差別するひとつの形であると主張することで票の獲得を目論んでいる。AfD指導者の一人ビョルン・ホッケは一七年の前半にドレスデンで行った演説で、「私たちを祖先の偉大な業績と真っ先に出会わせる〝記憶の文化〟が必要だ[*10]」と、熱弁を振るった。

〝記憶の文化〟についてホッケが語った言葉には、ナチス・ドイツの神話を創り出した人々の言葉が繰り返されているような不穏な響きがあった。一九三六年、ハインリヒ・ヒムラーが同じように、過去の業績を称える演説を行っている。

過去と祖先の偉大さを認識しているかぎり、国民は現在と未来で幸せに暮らすことができる。(…)私たちは君たち国民に、ドイツ国民に明示したい。わが国には千年ほどの過去しかないかと言えばそうではなく、独自の文化を持たない蛮族だったかと言えばそうではない。周辺から文化を獲得しなければならなかっただけのことなのだ。国民には自国の歴史をもういちど誇りに思ってほしい。[*11]

ファシスト政治は懐古の情《ノスタルジア》という感情を武器化するために過去をでっち上げるだけでなく、都合のいい過去だけを選び出して、国家の輝かしい栄光を無分別かつ大げさに称賛し、その声をかき消すような事実からは断固として目を背ける。

自国が何をすべきで、どんな政策を採用すべきかについて誠実な議論を行うためには、自身の過去を含めた「現実認識」という共通の基盤が必要になる。自由民主主義の歴史は「事実という規範」に誠実でなければならない。政治的理由で提供される歴史ではなく、「正確な歴史観」を生み出す必要がある。対照的に、ファシスト政治にはその性質上、過去を神話化し、政治的利益を得るための武器として〝民族の遺産〟を創り出す必要が組み込まれている。

不都合な歴史の記憶を消し去るためにアピールする政治家たちをとりたてて心配していない人でも、集合的記憶に関する心理学の文献に通じておいて損はない。ケイティ・ロテーラとジェニファー・リッチェソンは二〇一三年の論文「忘却への意志――身内の悪事が記憶と集団的罪悪感に及ぼす影響」で、米国先住民に対する抑圧的で暴力的な仕打ちに関する物語を、実験に参加した米国人に提供した。〝具体的には、暴力を振るった容疑者は、植民地時代からの米国人（身内）か、あとから米国へ来た欧州人（よそ者）のどちらかと説明される〟[*12]。容疑者に同胞の身内の特徴があるとき、人は一種の「悪事健忘症」を発症する可能性が高いことを、この研究は示している。暴力を振るったのが後発の欧州人ではなく植民地時代からの米国人とされたとき、被験者は歴史上の否定的な事件をすっかり忘れてしまったかのように、〝容疑者が身内のときにはその記憶について素っ気ない表現をした〟とロテーラとリッチェソンは指摘している。彼らのこの研究は、同様の結果が出た以前の一群の研究が土台になっている[*13]。身内が過去に悪事を犯したことを忘れ、その記憶を最小限にとどめたいという「強いバイアス」は、すでに人々の中に存在する。政治家がその欲求をかき立てようとしなくても、米国人は「黒人奴隷化」や「大量虐殺」の歴史的事実を最小限にとどめようとした。ポーランド人はユダヤ人差別の歴史を最小限にとどめようとした。トルコ人にはアルメニア人に対する過去の残虐行為を否定しようとする傾向があった。正式な教育方針として政治家にこれを唱道させれば、すでに燃え盛っている炎に油がそそがれる。

ファシズムの指導者は歴史に訴え、史実を「輝かしい神話」に置き換えようとする――

彼らの政治目標と、「事実を駆逐して権力を握る」という最終目標に役立つように。ハンガリーの首相ビクトル・オルバンは、一六、一七世紀にオスマン帝国による占領と戦った同国の歴史を利用し、キリスト教欧州の守護者を務めた過去を今日の難民を制限する根拠としている。[*14] その時代のハンガリーがイスラム教徒の率いる帝国とキリスト教徒の率いる帝国とを隔てる地理的境界にあったのは確かだが、これらの紛争に宗教はそれほど大きな役割を果たしていなかった（例えば、オスマン帝国はキリスト教徒の改宗を求めていなかった）。オルバンが語る神話的歴史には、過去の複雑な性質を解消して自分の目標を支えるためのもっともらしさしかない。

米国では、南部の歴史が継続的に神話化されて奴隷制の事実を糊塗《こと》し、その神話を利用して、奴隷制度終了から一世紀が過ぎるまで黒人市民の選挙権を拒否したことを正当化した。南部は「黒人への選挙権付与拒否の姿勢」を正当化するため、南部で黒人の選挙権が認められた一八六五年の南北戦争直後を意味する南部再建期《リコンストラクション》について、偽りの歴史を創り出した。当時の黒人はサウスカロライナなど南部の数州で過半数を占めていて、黒人議員は十数年間多くの州議会で力強く声を上げていたし、連邦議会議員の地位を獲得することさえあった。南部の白人が事実上黒人の投票を禁じる法律を成立させた時点で、南部再建期には終止符が打たれた。黒人には自治能力がないからそうした措置を取る必要があるという神話を、南部の白人は広めていった。「再建期」は未曾有の政治腐敗の時代であり、白人がふたたび全権を与えられないかぎり安定の回復は起こり得ないと主張された。

社会学者W・E・B・デュボイスの一九三五年の名著『ブラック・リコンストラクション』〔未邦訳〕は、当時「南部再建期」の正史とされたものに断固反論している。デュボイスが示しているように、南部の白人が北部のエリートと結託して「再建」の時代に終止符を打ったのは、選挙権を持つ黒人が貧しい白人と手を組んで首都の利益に反する強力な労働運動を展開するのではないか、という不安が富裕階級の間に広がったためだ。南部再建時代がいかに「まっとうな統治《ガバナンス》の時代」だったかをデュボイスは語っている。その時代の黒人議員は利己的な統治をしなかったし、白人市民の不安にも最大限取り組んでいた。『ブラック・リコンストラクション』は当時の白人歴史家からほとんど相手にされなかったが、一九六〇年代を迎えるころにはデュボイスの語る歴史が事実として広く認識されるようになった。

歴史学者たちは南部再建期の歴史が偽りであると知りながら、政治的な理由でそれを広めていった。彼らは真実を追求するためではなく、南北戦争に由来する白人の心の傷に取り組むために学問を利用した。「心地のよい歴史観」を提供することで、歴史学者たちはかつて奴隷制を支持していた州の黒人から最小限の市民権まで奪い去るような措置を正当化した。『ブラック・リコンストラクション』の最終章には「歴史のプロパガンダ」という章題がついている。その中でデュボイスは、政治目標の促進を目論んで真実と客観性を旨とする歴史研究の理想に訴える手口を激しく非難している。歴史を傷つける行為、とデュボイスは断じた。「真実と客観性」という何物にも代えがたい理念を旗印にして、政治的利益のために偽物語を提示する歴史学者たちを、デュボイスは、歴史を〝プロパガンダ〟に変える罪深い人々と表現している。

2

プロパガンダ

PROPAGANDA

大人数に直接の被害を及ぼす政策を推進するのは難しい。プロパガンダの役割は、政治家や政治運動の〝どう見ても問題がある目標〟を〝広く一般に受け入れられている理念〟で覆い隠すことにある。不安定化を招く危険な権力闘争が「安定を目的とする闘い」や「自由を目的とする闘い」にすり替えられる。プロパガンダは後ろ暗い目的を背後に隠しながら、高潔な理念を謳う言葉で人々をまとめ上げようとする。

米大統領リチャード・ニクソンの〝犯罪撲滅戦争〟は、高潔な目標を掲げて〝問題がある目標〟を覆い隠した好例だ。ハーバード大学の歴史学者エリザベス・ヒントンは著書『貧困撲滅戦争から犯罪撲滅戦争へ——米国における大量投獄の形成過程』〔未邦訳〕で、ニクソンの首席補佐官H・R・ハルデマンの日記メモを活用してこの戦術の研究に取り組んだ。ハルデマンは一九六九年四月の日記に「本当の問題は黒人にある、という事実を直視しなければならない」というニクソンの言葉を引いている。「そうと悟られずにこれを実現する仕組みを考え出すのが政策のカギだ」とニクソンは言った。彼は犯罪撲滅を掲げることで政策の裏に潜む人種差別的意図を巧みに隠せることに気がついた。[*1] これに続いてニクソンが口にした〝法と秩序〟というレトリックは、ホワイトハウス内で明白だった人種差別的計略を隠すために用いられた。

ファシスト運動は何世代ものあいだ〝沼地のヘドロをさらう〟と謳ってきた。腐敗を取り除いて白日の下にさらすという意味だ。プロパガンダで〝腐敗の濡れ衣〟を広めながら、みずからは腐敗行為に手を染めるのはファシスト政治の典型的な手口で、腐敗撲滅運動がファシスト政治運動の中心になることもままあった。自分たちで引き継ぎたい国家の腐敗を糾弾するのは、ファシスト政治家の常套手段になっている。政権交代や政権打倒を目指す政敵よりファシスト政治家自身のほうがはるかに腐敗しているのだから、奇異な話なのだが。歴史学者のリヒャルト・グルンベルガーは著書『〈第三帝国〉の一二年』〔未邦訳〕で、以下のように述べている。

それは矛盾した状況だった。「民主主義と腐敗は同義語」と喧伝して民衆の集合意識にそれを植えつけたナチスは、ワイマール政権の醜聞がちっぽけな傷に思えるような統治制度づくりに着手した。しかし、その「腐敗」こそ〈第三帝国〉最大の組織化原理だった――にもかかわらず数多くの市民がこの事実を見落としていたばかりか、新政権の男たちを〝道徳的高潔に全力を傾ける人々〟だと本気で思っていた。[*2]

じつは、ファシスト政治家にとっての「腐敗」は法律を退廃させるという意味での腐敗ではなく、純粋性を退廃させることだった。ファシスト政治家が腐敗を糾弾するとき、表向きは政治腐敗を批判しているように見える。しかし、本当の目的は、「伝統的秩序」を侵害するという意味での「腐敗」を連想させることにある。

南部再建を終焉へと導いたのは、捏造された「腐敗の告発」だった。W・E・B・デュボイスは『ブラック・リコンストラクション』で、〝じつは、腐敗の告発の核心には、貧しい人々が裕福な人々を支配して彼らに課税している状況があったのだ〟[*3]と書いている。「黒人の権利剥奪」を裏で支えた聞こえのいい主張を、デュボイスは以下のように説明している。

ようやく完全に近い結合を果たした南部は、南部で起こっている腐敗の主因はニグロであると糾弾した。彼らはそれが「歴史的事実」になるまで、繰り返しその非難を口にした――再建期に起こった不正は、それまで権利を剥奪されていた四〇〇万人の黒人労働者が二五〇年の搾取を経て、自分たちがいかに統治し、どんな品物を作り、どんな仕事をし、自分たちが創り出した富をどう分配するかについて「声を上げる法的権利」を与えられたことが原因だったのだ、と。[*4]

肌の白い多くの米国人の目には、オバマ大統領が不正をはたらいているように映っていたにちがいない。彼による「ホワイトハウスの占拠」こそが、伝統的秩序を乱す一種の腐敗だったからだ。男性に限定されていた政治権力の地位を女性が獲得したときや、イスラム教徒や黒人やユダヤ人や同性愛者や〝世界市民《コスモポリタン》〟〔国際人〕が利益を上げたとき、あるいは彼らに医療のような民主主義の公共財が分け与えられたときにまで、それは腐敗と受け止められる。[*5] ファシスト政治家は自分の支持者が自分の腐敗――真の腐敗――に目をつぶることを知っている。自分たちの腐敗については、神に選ばれた民が正当な所有物を手にしたに過ぎないと考えているのだから、これこそが真の腐敗だろう。

腐敗撲滅を掲げて不正を覆い隠すのはファシズムの政治宣伝の代表的な戦略だ。ウラジスラフ・スルコフは長年ウラジーミル・プーチンの、言わば「宣伝大臣」を務めてきた。ジャーナリストのピーター・ポマランツェフは著書『プーチンのユートピア――21世紀ロシアとプロパガンダ』で、スルコフの戦略を端的に表現すれば、〝民主主義を装ったレトリックと非民主主的な目論見〟となる、と述べている。[*6]

ファシズムのプロパガンダの裏に潜む、非民主主的な目論見がカギだ。ファシズム国家は法の支配を取り除くことに心血をそそぎ、法の支配を個人もしくは党指導者の独裁に置き換えることを目標とする。「独立した司法制度」に厳しい批判を浴びせ、偏向《バイアス》やある種の腐敗をあげつらったあと、「自立心の強い判事」を「法律を支配政党の利益を守る手段と心得る判事」に取り換えていくのが、ファシスト政治の常套手段だ。ハンガリーやポーランドのような一見民主主義が機能しているように思われた国が最近急速に非民主的な統治へ舵を切ったときには、独立した司法制度を弱体化させるこの戦術が際立った。両国とも非民主的な政権が権力を握った直後に、「自立心の強い判事」を「党に忠実な判事」と取り換える法律を導入したからだ。表向きには、それまでの「司法中立」という慣習が「支配政党への不当な扱いを隠す覆面」だったのだとしてそれを正当化する。[*7] ファシスト政治家は「腐敗と偏向の根絶」という題目を立て、権力を抑制しそうな制度を攻撃して縮小させる。

ファシスト政治は「腐敗の撲滅」を掲げて法の支配を攻撃すると同時に、自由《フリーダム》〔天賦の自由〕と個人の自由《リバティ》〔闘って獲得する自由〕を守るとも主張する。だが、この自由《リバティ》には一部の集団に対する抑圧がともなう。一八五二年七月五日、米国の奴隷制度廃止論者で雄弁家でもあった黒人フレデリック・ダグラスは独立記念日に敬意を表する演説を行った。彼はその冒頭、この日が政治的自由を祝う日であることを認めている。

独立記念日は私たちの国の独立を祝うために制定されています。これは皆さんの独立国家と政治的自由の誕生を祝う記念日です。皆さんにとってこれは、解放された神民たちにとっての「過ぎ越しの祭り」に相当するものでしょう。[*8]

ダグラスは演説の前半で「自由」の大義に献身した建国の父たちを称え、自由という理想を祝う日としてのこの日を称えた。しかしそのあと、奴隷として生を享けたダグラスは現状に話を向け、以下のように問いかけた。

束縛された男を「自由」という光に照らされた大寺院へ引きずり込み、歓喜に満ちた国歌に唱和を求めるのは非人間的な嘲笑であり、冒涜的な皮肉であります。市民の皆さん、今日は私に演説を求めることで私を嘲るおつもりですか？[*9]

「黒人奴隷にとっての独立記念日とは？」と題されたこの有名な演説でダグラスが非難しているのは、奴隷制度を実行しながら自由の理想を祝う国家的偽善だ。南部に暮らす人たちを含む一九世紀の米国人は、自分たちの土地を「自由を導く光」と考えていた。「奴隷化されたアフリカ人」と「土地所有権や（ときには）生存権さえないがしろにされている先住民」の労働によってそれが支えられているとき、なぜこんなことができるのか、とダグラスは問いかけたのだ。この状況に「自由」という言葉が効果的だったのは、先住民と同じくアフリカ系の奴隷たちも、「自由」を手にするにふさわしくない存在と広く信じられていたからだ。これは「人種によって価値が序列化される」とする、古典的なファシズムのイデオロギーだ。〈南部連合国〉の時代に「自由」というレトリックが機能したのは、南部白人の自由と奴隷制度の慣習がはっきり結びついていたからだ。あなたのために他者が働いているとき、あなたはやりたいことを自由にできる、ということだ。南部大農園主の贅沢な暮らしに関わる「自由」は、「白人の人種的優越」という原則と密接につながっていた。こういう構造的条件を持つ南部では、「自由」の概念は奴隷制の慣習の上に成り立っていた。連邦政府の干渉から南部州の自由を守るために使われた「州権」というレトリックのほとんどに、私たちは矛盾を感じる。しかし、「州権」の要求に最も強く結びついた連邦政府の介入は、「奴隷制度の廃止」と、それに続く「黒人の投票権を制限する黒人差別法」だった。南部州の多くの白人が「州権」を要求してつかもうとした「自由」は、同胞であるはずの黒人の自由を制限することで実現される自由だった。

歴史上には、ファシスト指導者が民主的な選挙で権力の地位に就くこともたびたびあった。しかし、自由を守るという約束、例えば「選挙権に固有の自由」を守るという約束は、たいてい権力を握ったとたんに終わりを告げる。ヒトラーは著書『わが闘争』で議会制民主主義を激しく非難したあと、指導者が自身の行動とその結果のすべてに責任を負い、全権を与えられる「真のゲルマン式民主主義」を称えている。ここでヒトラーが言っているのは、最初に民主的な投票が行われたあとはそこで選ばれた指導者が絶対的支配をする、ということだ（ヒトラーはここでも、中世ドイツの王たちが選挙を経て終身王を務めた神話的過去を利用した）[*10]。このシステムがどんなものであれ、民主主義と呼べる代物でないのは明らかだ。〈南部連合国〉が奴隷制度の慣習を守るために「自由」という概念を使ったときも、南部州が奴隷制度を守るために「州権」を要求したときも、ヒトラーが独裁支配を民主主義と主張したときも、「自由民主主義の理念」がその理念をむしばむための隠れ蓑に使われた。どのケースにも〝自由主義の理念を実現することが目標〟といううわべだけの主張がなされる。〈南部連合国〉と黒人差別法の場合は、自決権という「自由主義の理念」を持ち出して「州権」を主張し、それぞれの州が自由に選択すべきこととして「人種差別的従属関係」を実行に導いた。ヒトラーは〝真のゲルマン式民主主義〟、つまり〝一人の人間による独裁制〟こそ真の民主主義と主張した。そうした形でしか政治判断に対する本当の意味での「個人の責任」は存在しないからで、判断を下す権限は一人の人間に委ねられるべきであると、彼は主張した。「個人の責任」は卓越した自由主義的概念なのだ、と。

哲学者ソクラテスはプラトン著『国家』の第八巻で、人は自然と自治へ導かれるのではなく、あとをついていける強い指導者を求めるのだと主張した。民主主義は言論の自由を容認することで、扇動政治家《デマゴーグ》につけ込む隙を与える。民衆が絶対的指導者を必要としている点に扇動政治家はつけ込む。独裁者はこの自由を利用して民衆の憤慨と恐怖を食い物にする。独裁者はひとたび権力を掌握すると、民主主義を終了させて、ファシスト政治に乗り換える。つまり、『国家』の第八巻は、民主主義はその理想を追い求めることでみずからの死を招く「自己弱体化の制度」と言っているわけだ。

ファシストたちは昔から、民主主義の自由を「それ自身を攻撃する武器」へ変えるコツを心得ていた。かつてナチス・ドイツの国民啓蒙・宣伝相を務めたヨーゼフ・ゲッベルスは、「民主主義が自身を破壊する手段を恐ろしい強敵たちに与えたことは、この先もずっと民主主義最高のジョークであり続けるだろう」と断言している。現在も過去とまったく変わらない。またしても自由民主主義の敵たちはこの戦略を用いて言論の自由を限界へ押しやり、最終的にそれを利用して他者の言論を封じようとしている。

元図書館員で活動家のディザリー・ファルーズは、米司法長官ジェフ・セッションズの指名承認公聴会に出席していた。セッションズはアラバマ州選出の元上院議員で、一九八六年、連邦判事に指名されたが、極右過激思想——とりわけ、人種差別主義——の疑いが強いとして上院に拒絶されたことがあった（上院議員時代のセッションズは移民がらみの恐怖を煽って名を売った）。セッションズには「法の下ですべての国民を平等に扱ってきたことを裏づける充分な記録がある」と、アラバマ州選出のリチャード・シェルビー上院議員が明言したとき、フェアルーズがけらけらと笑った。彼女はその場で逮捕され、司法妨害および風紀紊乱《ぶんらん》行為で告発された。セッションズ率いる司法省は続いて彼女を起訴した。二〇一七年の夏、「笑いは公の場での行為としては許容範囲である」として裁判所判事はこれを棄却したが、セッションズの司法省は同年九月、彼女の立件手続きを続ける決意をした。笑ったことでフェアルーズを裁判にかける企てを、司法省がようやく断念したのは一一月のことだった。

ジェフ・セッションズ司法長官は、お世辞にも「言論の自由の守護者」とは呼べない。しかし、公聴会で笑った女性を司法省が裁判にかけようとしていたその月に、セッションズはジョージタウン大学法科大学院で演説し、学術界は右寄りの言論をくじこうとしており、言論の自由を侵害していると主張して大学を糾弾した。そのうえで彼は、「国を挙げて言論の自由と憲法修正第一条に献身しなおす」よう求めた（この演説の週のニュースは、人種差別に抗議するため国歌斉唱時に起立しなかった選手を解雇するようトランプ大統領がＮＦＬの球団オーナーたちに要求した話で持ちきりだったが、憲法修正第一条の権利が存在するとしたら、この選手はそれを行使したに過ぎない）。

このところ、極右ナショナリストが持ち出す「言論の自由」というレトリックが米国の政治を牛耳ってきた。オレゴン州ポートランドで開かれたトランプ支持派の定期集会は〝トランプの言論の自由集会〟と呼ばれている。二〇一七年五月、同市は白人ナショナリストによる残忍なテロ行為の舞台となり、報道によれば、三五歳の極右白人至上主義者ジェレミー・ジョゼフ・クリスチャンは若い女性二人にイスラム教徒への差別的暴言を浴びせていたとき、割って入ろうとした三人の市民を刺した。刺された三人のうち二人がそのときの傷で死亡した。裁判に出廷したとき、クリスチャンは以下のように叫んだ。

ポートランドよ、言論の自由か、さもなくば死を！　お前たちに安全な場所などない。ここは米国だ。言論の自由が嫌なら出ていけ。お前たちはこれをテロ行為と呼ぶが、俺にとっては愛国心だ。[*11]

民主主義に「言論の自由」がある最大の理由は、市民とその代表に「公の対話」をうながすためだ。しかし、一方が他方に侮辱の言葉をわめきたてるたぐいの議論は――暴力に打って出たあげく抗議の声を「言論への攻撃」と非難することは言うに及ばず――「言論の自由権」が守ることになっている「公の対話」とはいっさい関係がない。ジェレミー・ジョゼフ・クリスチャンが用いようとした言論は「公の対話」をうながすどころか、その実現を阻害するものに他ならない。

ファシズムは理性的でない人々を理性的な人々の上へ押し上げ、狂信的な感情を知性の上へ押し上げるとよく言われるが、まさに言い得て妙だ。しかし、ファシズムがこの押し上げを間接的に、つまりプロパガンダの手口を用いて行う点はあまり指摘されていない。随想『ヒットラーの〈わが闘争〉における修辞』は、一九三九年、米国の文学理論研究者ケネス・バークの手で書かれた。この中でバークは、『わが闘争』のヒトラーは、人生は集団間の権力闘争であってそこでは理性や客観性はなんの役目も果たさず、人間は獣であるという認識や、理性に突き動かされた〝啓蒙〟の拒絶といった国家社会主義の理想をなかなか受け入れられなかったことを繰り返し述べている。さらにバークは、〝理性的でない人々のカルトとしてヒトラー主義を攻撃する人たちは、この程度まで発言を修正すべきだ――この主義は理不尽ではあるが、〝理性〟のスローガンを掲げて行われている〟と書いた。ファシストは「啓蒙」の理想を拒絶し、「現実との衝突」や「自然の法則」によってそうせざるを得ないと主張する。バークも評しているように、ヒトラーは〝熱狂的反ユダヤ主義〟への移行を、〝理性と現実が心の中で闘った結果〟と主張した。「科学的な理由」があって、人生を「支配を求める無慈悲な闘争」と見なすことになったのであり、この思想――つまり、普遍的理性という啓蒙理念――を自分に届けた力は放棄しなければならない、と彼は主張した。

3

反知性主義

ANTI-INTELLECTUAL

ファシスト政治は教育や専門知や言語を攻撃することで「公の対話」を妨害しようとする。異なる視点を提供してくれる教育や、自分に不足した専門知への敬意や、現実について的確に語ることができるだけの豊かな言語能力がなければ、知的な討論は成り立たない。教育と専門知と優れた言語能力が失われたあとには、「権力」と「同族への帰属意識」しか残らない。

ファシスト政治に大学が果たす役割がないわけではない。ファシズム思想で正当とされる視点はただひとつ。支配民族の視点だ。学校では生徒に支配的文化とその神話的過去を教え込む。つまり教育は、ファシズムを脅威にさらすこともあれば、神話的国家を下支えすることもある。だから、大学キャンパスでの抗議行動や文化摩擦が文字どおり「政治の戦場」となり、国じゅうから注目されるのは当然のことなのだ。その利害は大きい。

大学は過去五〇年間以上、不正や過剰な独裁に抗議する中心地としての役割を果たしてきた。例えば、一九六〇年代の反戦運動に大学が担った特異な役割を考えてみてほしい。言論の権利が保障されているところでは、ファシズムの伝道者は対立する意見を真正面から封じることができない。そこで、彼らは対立意見を「暴力的で抑圧的」と宣伝する（それゆえ、抗議行動は〝暴動〟と表現される）。米国では二〇一五年、警察の残虐行為と人種差別に抗議する〈ブラック・ライブズ・マター〉（ＢＬＭ）運動が大学キャンパスに広がった。ＢＬＭはミズーリ州ファーガソンで始まったから、それが届いた最初のキャンパスがミズーリ大学だったのは当然のことかもしれない。〈コンサーンド・スチューデント１９５０〉はミズーリ州の学生運動で、ミズーリ大学で人種差別が撤廃された年を記憶に喚《よ》び起こすためにそう名づけられた。その目的には、黒人学生が日常的に直面する人種差別的事件に取り組み、文化や文明を白人だけの産物とするカリキュラムに手段を講じることも含まれている。メディアはこうした意欲にほとんど目を向けず、それどころかこの状況を利用して、抗議する黒人学生たちを怒れる暴徒のように描いたり、大学生が自由主義を旗印に過激な政治行為に及んでいると報道して、一般市民の怒りを煽り立てたりする。

ファシスト政治は自立した反対意見を育む教育機関の信頼性を貶めようとする――そうした声を拒絶するメディアや大学が、現状に取って代わるまで。典型的なのは、「偽善である」という非難を投げつける手法だ。いままさに、現代の右翼運動は「言論の自由」に対する大学の姿勢は偽善であると糾弾している。大学は言論の自由が何より大切であると主張しているくせに、左寄りの声に抗議運動を許すことで左寄り以外の声を抑圧している、と右翼の人々は言う。直近の例を挙げれば、大学キャンパスで社会正義を求める運動が行われることを批判する人々は、自分たちを抗議行動の犠牲者にすり替えるという効果的な方法を見つけだした。抗議に参加した人々は私たちの言論の自由を否定している、と主張するのだ。

こういう非難は教室にまで及ぶ。デイビッド・ホロウィッツは極右活動家で、一九八〇年代から大学と映画産業を標的にしてきた。二〇〇六年、『大学教授たち』［未邦訳］という本を出版し、〝米国で最も危険な教授一〇一人〟と名づけたリストに左派と自由主義の教授たちを並べた。その多くはパレスチナの権利の擁護者だ。二〇〇九年、彼は『一党構成の教室』［未邦訳］という別の本を出版し、そこに〝アメリカで最も危険な大学講座〟というリストを付けた。

ホロウィッツは自分の考えを普及させるために数多くの組織を創り出してきた。一九九〇年代に〈個人の権利財団〉を創設し、保守的な〈ヤング・アメリカ財団〉（YAF）によれば、この団体は〝大学キャンパスにおける「スピーチコードとの戦い」の先頭に立っていた〟［スピーチコードは極端な発言の制限や禁止を定めるルール］。一九九二年、ホロウィッツは月刊タブロイド紙ヘテロドクシーを設立した。公民権保護活動を行う〈南部貧困法律センター〉によれば、同紙は〝左寄りに凝り固まった米国の学究環境で洗脳されているとホロウィッツが判断した大学生に標的を定めた〞。ホロウィッツは二〇〇三年の設立時に〝高等教育の公平性と多様性を求める運動〞を自称した団体〈学問の自由を求める学生たち〉（ＳＡＦ）の設立者でもある。ＳＡＦの目標は保守的な世界観を持つ教授の雇用促進にあり、ＹＡＦによれば〝米国の大学とカレッジに知的多様性と学問の自由〞を促進する、というのが売り口上だ。過去何十年か、ホロウィッツは米国の極右界では非主流派だった。最近になって、彼の戦術と目的が――彼のレトリックまでが――主流に入り込んできて、いまや大学キャンパスでの〝政治的公正《ポリティカル・コレクトネス》〞への攻撃は日常茶飯事になっている。

トランプ政権はホロウィッツの計画を積極的に推し進めてきた。ジェシー・パヌシオ司法次官は二〇一八年一月二六日にノースウェスタン大学で演説し、その冒頭、キャンパスでの言論の自由について、「非常に重要な主題であり、おそらく皆さんご存じでしょうが、セッションズ司法長官はこれを司法省の優先事項に定めています。これを優先事項とするのは、私たちの見るところ、全国の多くの大学が言論の自由を守ることも促進することもしていないからです」と言明した。

トランプの大統領選キャンペーンはときに、〝政治的公正[*1]〞にかけた長期的攻撃と評される。トランプ政権のレトリック――特に、「政治的公正」への攻撃と「言論の自由」というレトリックが、近ごろ創設された「資金潤沢な団体」が自由主義の砦である大学を攻撃してその正当性を否定する論法と重なるのは、決して偶然ではない。ホロウィッツの主要団体〈デイビッド・ホロウィッツ・フリーダム・センター〉(DHFC)とトランプ政権、特にその極右メンバーにはつながりがある。二〇一七年六月に公表されたワシントン・ポスト紙の調査によれば、ワシントンの既成権力層に揺さぶりをかけて極右へ傾けることを狙っていたジェフ・セッションズ司法長官やスティーブン・ミラー上級政務官、スティーブン・バノンらの〝政治工作員〟を、DHFCは支援していた。[*2] 二〇一六年一二月一四日付の同紙の記事によれば、〝ホロウィッツはトランプの勝利に喜びを表明して、共和党はようやく自分の政治手法に目覚めたと語り〟、左派こそ言論の自由の敵と糾弾した。

ホロウィッツは(いっとき)マイク・ペンス副大統領やセッションズ、バノン、ミラーらトランプ政権の一一人以上をDHFC支援者にかかえ、なんのてらいもなく彼らを「私の弟子のようなもの」と言ってのけた(ワシントン・ポストの記事はホロウィッツがミラーのキャリアを長年支援してきたことを立証している)。DHFCは何年にもわたってトランプ政権高官たちのキャリアに深く関与してきたうえに、同紙の調査によれば、同政権の極右メンバーが集まる〝非公式集会所〟のような役割を果たしてきた。

ホロウィッツが大学にかけた「言論の自由攻撃」は正当性に欠ける。「学問の自由」が正式に保護されている米国の大学は、最も自由な表現が保障されている仕事場だ。民間の職場では、「言論の自由」は夢物語で、働く人たちは常に守秘義務契約に縛られ、多くの問題について話すことを禁じられている。たいていの職場では、ソーシャルメディアで政治的な発言をした従業員は解雇の危険にさらされる。言論の自由が本当の意味で守られている唯一の仕事場を「言論の自由」という理念で攻撃するのは、ジョージ・オーウェル〔英国の作家・ジャーナリスト。小説『一九八四年』で知られる〕でおなじみのプロパガンダの一例だ。

二〇一七年一月、ミズーリ州議員リック・ブラッティンはかつて州議会に提出した法案に修正を加えた。同州の全公立大学で教授の終身地位保障を禁じる法案だ。ブラッティンはクロニクル・オブ・ハイアー・エデュケーション紙のインタビューで、終身地位の保障は「米国的でない」と言い、「何かが間違っているし、何かが壊れている。子どもたちを教育しているべき教授、子どもたちの未来を確実に守るべき教授は、それどころか、関わるべきでない政治的な事柄に携わっている。終身地位保障があるからそんなことができるのだ。これは間違っている」[*3]と言い添えた。終身地位保障の廃絶が学問の自由を損ない、教授たちが政治的な理由で職を失う可能性を懸念しないのかと問われたとき、ブラッティンはこんな質問でそれに応じた。ほかのどんな職業にそんな自由があるのか？　なぜ学問の世界だけが特別であるべきなのか？　研究分野にもよるが、学者が生み出す研究が必然的に政治的意味合いを持つことはある。右寄りの人々によるこうした攻撃は、「容認可能な研究活動を制限したい」右翼的欲望を浮き彫りにしている。古典的な扇動的プロパガンダでは、まさしくこのような「理念」を口実に、「公共的理性」と「開かれた議論」を守る制度に攻撃をかける戦術が展開される。

ファシスト政治家たちは、政治的に偏っている――例えば、マルクス主義的すぎる――と見なした大学教授に狙いをつけて、その教授が携わる研究分野全体を糾弾する。自由民主国家でファシズム運動が進行中のときは、一定の学問領域が標的に選ばれる。例えば「ジェンダー研究」は世界各地の極右ナショナリズム運動でやり玉に挙げられている。国の伝統を軽んじているとして、この分野の教授や教師が糾弾されている。

ファシズム集団の代表や運動の主導者は決まって大学や学校を〝マルクス主義による洗脳の温床〟と糾弾する。これは古くからあるファシスト政治の常套手段だ。マルクスやマルクス主義とはなんのつながりもないところに用いられるのが通例で、この表現は、ファシスト政治では「平等性を毀損するもの」という意味で用いられる。だから、社会の主流から取り残された分野（どんなに小さなものであれ）にも知的空間を与えようとする大学は〝マルクス主義の温床〟という非難にさらされる。ファシズムは支配の視座に立つため、「ファシズムの時代」には支配的な視座以外の視座――例えばジェンダー研究や、米国ならアフリカ系米国人研究や中東研究――を教える学域を糾弾する人物に、大きな支援が送られる。事実を曲げて「支配的な視座こそが真実」と教え込まれることも少なくないし、〝真の歴史〟と〝別の視点の居場所〟を確保する努力は〝文化マルクス主義〟と嘲笑される。

ファシズムがとりわけジェンダー研究に敵愾心を燃やす理由は、家父長的なイデオロギーに由来する。国家社会主義は女性運動とフェミニズムを決まって標的にした。ナチ党にとってフェミニズムは、アーリア人女性の受胎能力破壊を目論むユダヤ教徒の陰謀だった。インドの歴史家チャル・グプタがいみじくも、フェミニズム運動に対するナチ党の姿勢を総括している。

［ナチスは］女性運動を、ドイツの家族を傷つけドイツ民族破壊を試みるユダヤ人の国際的陰謀の一環と信じていた。この運動は女性が経済的自立を主張して出産という本来の仕事を怠けるよう焚きつけている、と彼らは主張した。この運動は女性の信条として平和主義、民主主義、物質主義を広めている、と彼らは主張した。避妊と妊娠中絶を奨励して出生率を下げることで、ドイツ民族の存在そのものを攻撃しているのだと。[*4]

ファシストは大学を攻撃するとき、大学が女性運動を裏で支えてナチスの言う〝ユダヤ人の陰謀〟を演じている、と主張する。大学はジェンダー研究を支援することで男性支配社会を破壊して「伝統的な家族」を弱体化させている、というわけだ。

ロシアではこの問題でウラジーミル・プーチンが攻勢をかけ、大学の用途を「西洋の過激なフェミニズム」を攻撃する思想兵器に転用した。ジャーナリストのマーシャ・ゲッセンは二〇一七年の著書『未来は過去だ――いかにしてロシアは全体主義に戻ったか』［未邦訳］で、ロシアの大学を反同性愛や反フェミニズムの基点とする計画は一九九七年にプラハで開かれた〈世界家族会議〉から出現した、と説明する。この会議は米国の歴史家アラン・カールソンが、ミシガン州の〝超保守系名門校ヒルズデール大学〟で組織したものだ。この会議には多くの出席者があった。〝そのことに勇気を得た主催者はこの〈世界家族会議〉を、同性愛者の権利や人工妊娠中絶の権利、ジェンダー研究との戦いに献身する恒久的組織に変えた〟[*5]と、ゲッセンは述べている。

この会議に触発された政策の一例だが、ロシア政府は自由主義的傾向があるとして欧州大学サンクトペテルブルクを迫害した。ロシア当局はこの大学を閉鎖するための努力を何年か積み重ね、教育ライセンスが切れた二〇一六年、ついに目的を遂げた。同大学によれば、〝ウラジーミル・プーチンの〈統一ロシア党〉国会議員で過激な反同性愛法制を支持したビタリ・ミロノフから正式な訴えがあり、捜査が始まった〟という。ミロノフはこの大学でジェンダー研究が教えられることに懸念を表明した。「私個人はあれが非常に不快だし、そもそもあの研究はインチキであり、違法である可能性も高い」と、ミロノフはクリスチャン・サイエンス・モニター紙に語っている。[*6]ジェンダー研究はハンガリーとポーランドでも政治的論争の火種になり、大学を〝自由主義洗脳の温床〟に仕立てようとする政治指導者たちの怒りを買ってきた。ジェンダー研究者のアンドレア・ペトが「前線からの報告――ハンガリーにおけるジェンダー研究学習をめぐる論争」という研究論文で述べているが、ハンガリーで人的資源省の事務次官を務めるベンツェ・レトバリはジェンダー研究をマルクス・レーニン主義に喩《たと》えた（これもファシスト政権の常套手段だ）。

ロシアや東欧と同じく、米国の極右運動でもジェンダー研究には露骨な攻撃が行われている。ノースカロライナ州議会は二〇一〇年、極右〝ティー・パーティ〟運動とつながりのある共和党員たちに占拠された。彼らは共和党知事のパット・マクローリーと手を携えて、名門ノースカロライナ大学に狙いをつけた。新たに指名を受けた大学理事会の理事たちが、広く称賛を受けていた進歩的な学長トーマス・ロスを解任した。マクローリー知事はインタビューで、公立大学は「ジェンダー研究やスワヒリ語」の講座を持つべきではないと語っている（ちなみにスワヒリ語は、第一もしくは第二言語としてアフリカで一億四〇〇〇万人が話している）。マクローリーはさらに、「ジェンダー研究を受講したければ、それはけっこう、私立学校へ行って受講すればいい」と言い添えた。

大学にはさまざまな立場を代表する人々がいるべきで、ノースカロライナ州で起こったような変化は、それとは反対の視点に場所を明け渡すことにしかならない、という声もあるだろう。こういう主張は、私たちの立場が正当と見なされるためには反対意見の人々とたえず論争する必要がある、という論拠に基づいている。哲学を教えてきた人なら誰でも、「合理的に受容可能な反証」に立ち向かうとき哲学が有効なことを知っているし、政治的スペクトルの異なるさまざまな立場を代表する知的な洗練された発議者から大学が恩恵を受けるのも自明のことだ。

探究の自由が必要だからといって、地球が平らなことを実証しようとする研究者を教職陣に加える必要があるとは誰も思わない。確かな科学研究によってそのような立場は無益と断定されているからだ。言論の自由を最も熱心に擁護する人たちでさえ、大学の貴重な資源をこうした論題に割くべきだとは言わない。地球は平らと信じている人をスタッフに加えたら、むしろ客観的な探求を妨げることになる。同様に、私は教室や教職員用ラウンジでその擁護者と向き合うまでもなく、イスラム過激派組織ＩＳの思想をあっさり退けることができる。〝ユダヤ人は遺伝的に強欲に陥りやすい〟といった差別的なでたらめを退けるために、そういう見解を擁護する同僚を持つ必要はない。差別的な考え方の持ち主でも教授陣に加えれば有害思想への反対論を際立たせるという主張には、いささかの説得力もない。意思疎通の断絶と怒鳴り合いに発展して、知的な討論を台無しにするのが関の山だ。

ところがファシスト政治は、神話を事実とする研究の場所を作ろうとする。ファシズムにおける教育制度の役割は神話的過去を称えることで、民族国家《ネイション》の業績を押し上げて、そこに属さない人々の視点と歴史を覆い隠すことにある。カリキュラムの〝脱植民地化〟と呼ばれることもあるプロセスで爪はじきにされている視点が組み込まれ、それによって学生たちは歴史の全景を俯瞰することができる。ファシズムとの戦いで、このようにカリキュラムを調整することは単なる〝政治的公正〟ではない。私たちの暮らす世界を形作ってきた人々全員の声を代弁するのは、ファシズムの神話から身を守るのに欠かせない手段なのだ。

ファシズムにおいて、大学の一般教養教育の目標は、神話的過去に対する誇りを学生たちに植えつけることにある。ファシズム教育は階層《ヒエラルキー》構造の規範と国の伝統を強固にするような学問領域を称揚する。ファシストにとっての学校と大学は、国の誇りや人種的誇りを吹き込み、（例えば、ナショナリズムが人種差別へ向かう共同体では）支配的人種の輝かしい業績を伝えるために存在する。

ノースカロライナ州のマクローリー知事は公立大学のカリキュラムから一定の講座を除外すべきだという提言をやめなかった。学生たちがより良い民主的市民になるために役立つ社会学のような教科を削り、雇用主が必要とする「技術ベースの教育」に重点を置くことも大学に求めた。彼はノースカロライナで権威のある富豪であり篤志家でもある、共和党員のアート・ポープが運営と資金提供を行う〈ポープ高等教育政策センター〉の支援を受け、ノースカロライナ大学に授業料の値上げを求めてそれを実現した。ポープの狙いどおり、この動きは学生の人文社会科学離れを起こし、学生は〝ビジネススキル〟をもたらす専攻領域へ移っていくだろう。

この動きは人間の文化的多様性に理解を深める一般科目を軽視するものだが、それと同時に〈ポープ高等教育政策センター〉(現在は〈ジェイムズ・G・マーティン学術再開発センター〉)は、欧州の白人の文化的業績を強調する〝名著〟カリキュラムを奨励した。[*7] 反民主主義体制における教育の役割は、構造的に交渉力を持てず労働市場に入っていくしかなくなって、支配集団を「歴史上、最も偉大な文明力を代表する存在」と考えるよう訓練された従順な市民をつくり出すことにあると気がつけば、彼らがこれを優先事項とすることにも納得がゆく。保守的な人たちは右翼的目標を推進するプロジェクトに大枚を注ぎ込む。例えば――複数の情報源によれば――〈チャールズ・コーク財団〉は右翼新興財閥が二〇一七年に設立した保守的財団のひとつに過ぎないが、約三五〇のカレッジと大学で保守的な思想に大きく貢献するプロジェクトを支援するため、同財団だけで一億ドルを拠出している。[*8]

ファシズムにおいては、そのイデオロギーが支える知的生活の産物――文化、文明、芸術――は、「神に選ばれた民族」が生み出したものに他ならない。「欧州の文化的試金石に必要な捧げ物」を大学が制限したとき、彼らは危険を顧みずに「白い欧州人こそ人類文明の中核だ」とほのめかす。ヒトラーが『わが闘争』で〝この地球上で私たちが崇拝するもの――科学、芸術、技術的熟練、発明――は、すべて数少ない民族の創造的産物である（…）この文化はすべて、数少ない民族に（存在そのものを）頼っている（…）私たちが人類を三つのカテゴリー――文化を創設する者、維持する者、破壊する者――に分けるとしたら、最初のカテゴリー（文化の創設者）の代表と考えられるのはアーリア人しかいない〟と断言したことを指摘すれば、例の〝名著〟プログラムの信奉者たちもためらいを覚えるはずだ。無意識にであれ、私たちの大学はこういうファシズム神話の拡散に加担してはならない。

時代と場所を問わず、ファシズムが頭角を現すときには、学校や大学に国家（民族）主義の理想や伝統主義の理想に賛同する教師を詰め込むよう求める人々が出現する。ハンガリーの事例が典型的だ。ビクトル・オルバンは首相就任時に、自由主義を植えつける温床として学校を糾弾した。それまで地元教育委員会が管理していた学校制度を国営化し、全教師が加入を義務づけられる職能団体を導入して、〝国益への奉仕〟を義務化した。新しい国定必修科目には、反ユダヤ的なハンガリー人作家の作品が推薦された。学校は、例えば乗馬やハンガリー民謡の斉唱といった、「輝かしい神話的過去を喚起する活動」の奨励を命じられた。

ハンガリー最高の大学は中央ヨーロッパ大学（ＣＥＵ）であり、同校は国からの独立を保っていた。創設者はハンガリー出身の米投資家、ジョージ・ソロスだ。オルバンはＣＥ

Uを、ハンガリーの学校を駆逐して親移民的感情のような「自由主義の普遍主義的価値を広める」外国の施設であると表現した。二〇一七年四月、ハンガリー議会は同校からハンガリー国内での活動資格を剥奪して国家安全保障上の観点から「教職員と学生の運動」を統制するための法案を提出した。結果、CEUはハンガリーでの活動を断念した。

国家の目的に沿った教育カリキュラムを作ろうとする同様の努力は、トルコをはじめ世界のあちこちで行われている。二〇一六年のクーデター未遂事件後、トルコのレジェップ・タイイップ・エルドアン大統領は手始めに、親民主的ないし親左派的と疑われた大学学長と研究者、五〇〇〇人以上の地位を剥奪した。彼らの多くは投獄の憂き目にも遭っている。イスタンブールのユルドゥズ工科大学から政治学教授の地位を剥奪されたイスメト・アッカは、二〇一七年二月、ボイス・オブ・アメリカのインタビューに答え、「こういう粛清される人たちは民主的な左派であるだけでなく、とても優秀な学者であり、とても優秀な教師でもある。彼らを粛清することで、政府は高等教育という概念そのもの、この国の大学という概念そのものを攻撃していることにもなるのです」と語った。[*9] 二〇一七年、エルドアンは独裁的と言ってもおかしくない「大統領の権限拡大を問う国民投票」に勝利し、学校に新しい教育カリキュラムを導入した。その目標は現世的な理念に重きを置かず、宗教的価値体系に反する進化論のような科学理論を締め出すことにあった。ケマル・アタテュルク以来、教育制度などトルコ市民社会の中心にあった〝宗教色のない自由主義的理念〟を反映したものではなく、「国家の価値」を守るために「国家と道徳教育の観点から」トルコの歴史を教えていく、と国民教育相は宣言した。

米国の極右ラジオ番組の司会者ラッシュ・リンボーは彼の人気ラジオ番組で、〝欺瞞の四隅《フォー・コーナーズ》──それは政府、教育研究機関、科学、メディアである。これらの機関はいまや腐敗し、欺瞞のおかげで存在している。彼らは欺瞞によってみずからを広めていく。そうやって繁栄していくのだ〟と、非難の声をあげた。[*10] これはファシスト政治が専門知をいかにして標的にし、いかにしてあざ笑い、いかにしてその価値を貶めていくかを説明する完璧な事例だ。自由民主主義では、政治指導者は彼らを代表に選んだ市民だけでなく、政策の現実性を最も正確に説明できる専門家や科学者とも意見交換することになっている。

これに対してファシズムの指導者は、意見交換も慎重な検討も用いない〝行動家〟だ。フランスのファシスト、ピエール・ドリュ・ラ・ロシェルは一九四一年の随想「欧州の男性の再生」で、〝それは文化を拒絶するたぐいの男（…）考察の価値に信頼を置かず、それゆえ基本原則を拒絶する男。行動を信じ、曖昧模糊とした神話に沿って行動を実行に移す男〟と書いている。[*11] いったん大学と専門家の正当性が認められなくなると、ファシスト政治家はみずからの意志が形作る「自分自身の現実」を自由に創り出すことができる。ラッシュ・リンボーは長年にわたって科学を攻撃し、「科学は追放された社会学者と共産主義者の巣窟と化した」という暴言を吐いている。現在の米国の政治でトランプとその政権が気候科学を嘲笑し愚弄するとき、私たちが見ているのは、科学的な専門知を誹謗する戦略が勝利しているところだ。

ファシスト政治家は専門知の重要性を否定して、高度な議論の必要も退けようとする。現実はいつも私たちの持つ表現手段より複雑だ。科学はそれなしでは見えない区別を説明するために、かつてないほど複雑な用語を必要としている。現実社会も物理学的な現実に劣らず複雑だ。健全な自由民主主義国家では、物事を区別する多彩にして豊かな語彙を備えた「共通言語」が民主主義の重要なインフラになる。それなくして健全な公の討論は成り立たない。ファシスト政治は政治の言葉を劣化させようと躍起になる。そうすることで現実にふたをしようとする。

ビクトール・クレムペラー著『第三帝国の言語「LTI」――ある言語学者のノート』は国家社会主義の言語をテーマに書かれた。LTIは第三帝国の言語を意味するドイツ語の頭字語だ。「基本的性質――貧困」と題された第三章は、〝LTIははなはだ貧困である。その貧しさはみずから望んだ貧困である。あたかも貧困の誓いを立てたかのごとく〟という文章で始まる。このように公の討論を貧困化する重要性について、アドルフ・ヒトラーの主張は明快この上ない。『わが闘争』のプロパガンダを取り上げた章では以下のように書いている。

宣伝はすべて大衆的にすべきで、その知的レベルは宣伝対象の人々のうち最低レベルの者たちがわかる程度に調整すべきである。よって、獲得すべき民衆の数が多くなるほど知的レベルを落とさなければいけない。（…）民衆の受容能力は非常に限られていて、理解力はないが、そのいっぽうですぐに忘却してしまう。よって効果的なあらゆる宣伝はその焦点を大きく絞り込み、これを標語《スローガン》の形で提示しなければならない。

健全な自由民主主義国家では、言語は情報伝達ツールの役割を果たす。ファシズムの宣伝の目標は、政策をめぐる「妥協なき複雑な公の討論」を嘲り冷笑するにとどまらず、その可能性を抹殺することにある。クレムプラーはこんなふうに述べている。[*12]

おのずと意味を明らかにできる言語は人間のあらゆる必要を満たし、感情のみならず理性にも役立つ。意思の疎通、会話、独り言、祈り、嘆願、命令、訴えを可能にする。ＬＴＩは訴えの役にしか立たない……。ＬＴＩ唯一の目的はあらゆる人から個性を剥奪し、人格としての彼らを麻痺させ、特定の方向へ駆り立てられ追い立てられる「物を考えない従順な家畜」に変え、巨大な転がる石の中の原子に変えてしまうことにある。ＬＴＩは集団熱狂のための言語なのだ。[*13]

演説の目標は知的な人々を納得させることではなく、その意志をぐらつかせることにあるべき、というのがファシスト政治の中核的信条だ。一九二五年にイタリアのファシズム雑誌に載った匿名記事には、〝ファシズムの神秘主義はファシズムの勝利の証左となる。人の心を引きつけるのは理性でなく感情なのだ[*14]〟と書かれている。ヒトラーは『わが闘争』の「初期の闘争——演説の重要性」と題する章で、単純な言語を愚かと片づけるのは甚だしい誤解である、と書く。『わが闘争』の全編にわたり、プロパガンダの目的は公場での理性的な議論を不条理な恐怖と情念に置き換えること、と明言している。[*14] 二〇一六年の米大統領選でトランプ陣営の選対本部長を務めたスティーブ・バノンは二〇一八年二月のインタビューで、「〝ドブさらいをせよ〔ワシントンに巣食う悪人たちを日光にさらし抹殺せよ〕、ヒラリーを逮捕・投獄せよ、壁を作れ〟という主張に基づいて、私たちは選挙で選ばれた（…）これは純粋な怒りのおかげだった。人々の足を投票所へ運ばせるのは、怒りと恐怖なのだ[*15]」と語っている。

〝マルクス主義〟と〝フェミニズム〟を広め、極右の価値観をないがしろにしたとして、いま世界中の極右運動が大学を攻撃している。世界最高の大学制度を擁する米国でさえ、東欧式の攻撃が大学に浴びせられている。学生の抗議運動は無規律な暴徒による暴動であり社会秩序を脅かすもの、という誤った報道を受けている。ファシスト政治では、大学が公の討論で貶められ、学識と専門知識の真の源泉である学者たちが傷つけられ、研究と見せかけて左翼思想を広めようとしている過激な〝マルクス主義者〟とか〝フェミニスト〟という非難を受ける。高等教育機関を劣化させ、政策を議論する社会の共通言語を弱体化させることで、ファシスト政治は討論をイデオロギー的な対立へと退化させる。こういう戦略で言論空間を劣化させ、現実を覆い隠すのだ。

4

非現実性

UNREALITY

プロパガンダが対立する理念をねじ曲げることに成功し、大学の価値が貶められて偏見の源と糾弾されるときには、現実そのものが疑問視される。何が真実かについて合意ができなくなる。ファシスト政治は「筋の通った議論」を「恐怖と怒り」に置き換える。それが成功したとき、聴衆に残されるのは、「動揺を伴う喪失感」と、この喪失の責任者と教えられた者たちへの汲めども尽きぬ「不信と怒り」だけだ。

ファシスト政治は現実を一個人、もしくは一政党の意見表明に置き換える。定期的に繰り返し見え透いた嘘をつくことも、ファシスト政治が言論空間を破壊する手順の一部だ。「真実」を「権力」に置き換えたファシズムの指導者はいよいよ堂々と嘘をつくようになる。ファシスト政治は世の中を一人の独裁者に置き換え、私たちが共通の基準で議論を評価できないようにする。ファシスト政治家は言論空間を破壊して現実を切り崩す、特殊技能の持ち主なのだ。

最近の米国やロシア、ポーランドの政治に目を向けている人なら、陰謀説が入り込んできていることと、それが政治に及ぼす潜在的な力にたちまち気づくだろう。

陰謀説を定義する作業は厄介な問題を提起する。哲学者のジュリア・ナポリターノは、陰謀説とは「身内」を利するために「よそ者」に〝狙いをつける〟ことと考えるべき、と述べている。陰謀説には、標的を（おもに象徴的に）「問題行動」と結びつけて誹謗中傷し、その信頼性を毀損する働きがある。陰謀説はありきたりの情報としては機能しない。話が突飛《とっぴ》すぎて、額面どおりに受け止められることはまずないからだ。むしろその役割は、標的の「信頼や品性を疑わせる」ことにある。

陰謀説は主流メディアの信頼を傷つけるために用いられる重要な手口で、ファシスト政治はでっち上げの陰謀説を報じない主流メディアを「偏向報道」と糾弾する。二〇世紀で最も有名な陰謀説は、ナチスのイデオロギーの根底にある『シオン賢者の議定書』だろう。『議定書』は二〇世紀初頭に捏造された偽書で、ユダヤ人に向けて書かれた世界征服計画書とされた。学界では、フランスの政治風刺家モーリス・ジョリーが一八六四年に著した『マキャベリとモンテスキューの地獄での対話』との類似が指摘されている。この『対話』は、自由主義《リベラリズム》を支持するモンテスキューと専制政治《ティラニー》を支持するマキャベリが地獄で討論するという設定で書かれた政治風刺作だ。専制政治を支持するマキャベリの主張が、『議定書』では世界支配に燃えるユダヤ人指導者を指す〝シオン賢者〟の主張に書き換えられた。

『議定書』はロシアの作家で神秘思想家でもあったセルゲイ・ニルスが一九〇五年に著した『卑小なるもののうちの偉大――政治的緊急課題としての反キリスト』の付録として初めて活字になったとされる。一九〇六年には「陰謀、もしくは欧州社会解体のルーツ」という題でサンクトペテルブルクの新聞に連載された。一九〇七年には一冊の本としてサンクトペテルブルク聾唖者協会から出版されている。一九二〇年代には米国をはじめ世界中で数百万部が売れ、米国では自動車メーカーのフォード創業者にして新聞の社主でもあったヘンリー・フォードがこれを出版し、一九二五年までに五〇万部を売り上げた。

『議定書』によれば、ユダヤ人は、「最も尊敬されている主流報道発信源」と「グローバル経済体制」を支配し、それを使って民主主義と資本主義と共産主義を広める「世界的陰謀」の中心にいる。この三つの主義はすべて、ユダヤ人を利するための隠れ蓑なのだ。ヒトラーやゲッベルスら飛び抜けて強い影響力を持つナチ党指導者たちは、この陰謀説を真実と固く信じていた。〝ユダヤ系の報道媒体〟はユダヤ人によるこの国際的陰謀を非難せず、言及することさえしなかったという糾弾が、ナチスの著作のあちこちにちりばめられている。

二〇一六年の米大統領選は一連の陰謀説に傷つけられた。民主党候補のヒラリー・クリントンだけでなく、イスラム教徒や難民などいくつもの標的に狙いが定められた。そんな陰謀説の中でもひときわ突飛だったのは〝ピザゲート事件〟かもしれない。これを広めた人々によれば、クリントン陣営の選対本部長ジョン・ポデスタの私的メールがハッキングによって流出し、そのメールには、ワシントンDCのピザ店を拠点に民主党国会議員たちが児童買春していることを示唆する暗号が含まれていたという。この陰謀説はソーシャルメディアで拡散され、その突飛さもあってか驚くほど広く出回った。これはクリントンと民主党員に投げかけられた突拍子もない陰謀説の中のひとつに過ぎないが、全国的に並外れて大きな注目を受けた理由は、異常な内容だけではない。ノースカロライナ出身のエドガー・マディソン・ウェルチという男が店主と対決して性的虐待を受ける子どもたちを救い出そうと、銃を持ってピザ店に押し入ったからでもあった。この陰謀説の目標は「標的にした民主党員」と「極端な堕落行為」を結びつけることだったのだが。

コネティカット大学の哲学教授マイケル・リンチはこの〝ピザゲート事件〟を以て、「陰謀説の目的はありきたりの情報扱いをされることではない」という命題の証明とした。民主党の国会議員に性奴隷の子どもたちを密売するピザ店がワシントンDCにあると信じる人が実際にいれば、ウェルチのような行動を取っても不思議ではない、とリンチは指摘する。それでも、ウェルチの取った行動は〝ピザゲート事件〟の陰謀を広めた当人たちからさんざんにこき下ろされた。〝ピザゲート事件〟の陰謀説の目的は、ありきたりの情報扱いされることではなかった、とリンチは指摘する。陰謀説の役割は標的を貶めて中傷することにある。〝ピザゲート事件〟でも、当てこすりや中傷以上の効果を狙っていたわけではない。

ドナルド・トランプは〝出生地疑惑《バーセリズム》〟と呼ばれる陰謀説に検閲があったとして報道媒体を攻撃し、政治の主流から注目を集めた。それは、オバマはケニア生まれだから米国大統領になる資格はなかったとする説だ。二〇一二年五月二九日にトランプはCNNのインタビューに答え、この話題を取り上げなかったのはマスメディアがオバマのために働いているからだと言って、CNNと、同局の番組ホストを務めるジャーナリストのウルフ・ブリッツァーを糾弾した。対照的に右寄りの偏向報道で有名なFOXニュースは、トランプに陰謀説の宣伝舞台を進んで提供した。そこではトランプ大統領は異様な存在とは見られない。陰謀説はファシスト政治が残していく爪痕のようなものだ。ファシスト政治家たちの存在を無視する人々を攻撃する道具でもある。自分たちを取り上げないメディアには偏向姿勢があるかのように見せ、さらには、報道を拒んだのは陰謀の一翼を担っているからだとまでほのめかす。

陰謀説には「現実認識」に影響を及ぼすだけでなく、「現実に起こったこと」の方向性を定める力もある。ポーランドの極右与党PiSは「社会的保守主義」と「自由民主主義的制度の軽視」で有名になった。しかし、このPiSが陰謀説の翼に乗って政権の座に就いた事実は、国外からはあまり注目されていない。その陰謀説は、ドナルド・トランプを米国政治の本流へ招き入れて大統領の座まで与えた〝出生地疑惑〟に勝るとも劣らない、空想そのものだった。

二〇一〇年四月一〇日、ポーランドのレフ・カチンスキ大統領夫妻と陸軍総司令部、国立銀行総裁、政府要人の多くを乗せた飛行機がロシア・スモレンスク北飛行場への着陸進入中、手前の森に墜落した。一行は旧ソ連の秘密警察がポーランド将校団二万人以上を処刑した「カティンの森事件」七〇周年の追悼式典に向かうところだった。事故原因の究明に当たったロシアとポーランドの合同調査団はボイスレコーダーの記録に基づき、機長の操縦ミスと断定した。

ところが、事故後まもなくPiSの有名政治家たちがロシア・ポーランド合同調査団の出した正式報告に疑問を投げはじめた。航空機を墜落させたうえで犯罪をもみ消そうとする陰謀に、ポーランドの穏健派政権とロシア政府が連座しているとほのめかすのが、PiSの取った戦略だった。墜落事故関連で二〇ほど出てきた陰謀説にはPiSの関係者の名前が次々浮上した。主流報道機関はこの〝スモレンスク・セクト〟を、国の分断を試みる陰謀論者と非難した。陰謀説を広めた人々がそれに続いて報道機関の偏向姿勢を中傷・攻撃するという特徴的な図式であると。PiSが最終的に議会で収めた成功は、これら陰謀説を利用して国の重要な民主的制度、政府、報道機関の信頼を貶めることでもたらされた。

ファシスト政治家たちは、右翼による荒唐無稽な陰謀説を検閲して議論から排除したと主張することで、〝自由主義メディア〟の信用を貶めようとする——自由民主主義的制度の皮をかぶって不正な行動を覆い隠している、とほのめかすのだ。陰謀説は被害妄想が強い一般市民に働きかける。米国の場合なら、バラク・オバマ大統領をケニア生まれのイスラム教徒とする〝出生地疑惑〟のように、異質な存在とイスラム教への不安を煽る。ハンガリーとポーランドでは、ユダヤ人と共産主義者への不安を煽る。陰謀の目標は広範な疑惑と被害妄想を生み出し、〝自由主義〟メディアを検閲もしくは閉鎖して〝国家の敵〟を投獄するなどの、過激な措置を正当化することにある。

ジョージ・ソロスはアメリカ国籍のハンガリー系ユダヤ人で、富豪にして慈善家でもある。ソロスの慈善団体〈オープン・ソサエティ財団〉は出生地ハンガリーを含む一〇〇以上の国で民主主義の建設努力に深く関わってきて、ハンガリーではその支援が同国最高の大学である中央ヨーロッパ大学の設立を実現した。二〇一七年、ビクトル・オルバン首相は、ハンガリーのキリスト教アイデンティティを希釈するために国内に非キリスト教徒移民をあふれさせようとする〝ソロス計画〟があったと主張した。オルバンの政府はジョージ・ソロスと彼が立てたとする計画に対し、ソロスを標的にした広告用掲示板やテレビ広告など、多くの人から「露骨な反ユダヤ的表現」と受け止められた手法で追放キャンペーンを開始した。もちろん、このユダヤ系投資家が非キリスト教移民をハンガリーにあふれさせる計画を立てていた証拠など、どこにもなかったのだが、オルバン政権は主流メディアに、その証拠がないことこそソロスが暗躍している証拠であると訴えた——現実を操作しているのはオルバンのほうだったのに。

全体主義の分析をした二〇世紀最高の思想家とされるハンナ・アーレントは、反民主的政治における陰謀説の重要性について、はっきりと警告している。著書『全体主義の起原』で、彼女は以下のように書いた。

かくして、不可解さや神秘性がトピック選定の第一基準となった（…）プロパガンダが持つこの種の有効性は、現代における大衆の主要特性のひとつを明らかにしている。彼らは目に見えるものを何ひとつ信じない。自分自身の経験の現実性を信じない。自分の目と耳を信頼せず、想像力のみを信じる。本質的に万人向けで整合性がありそうな話なら、どんな話にも心を引かれる。大衆を納得させるのは事実ではなく、でっち上げの事実ですらなく、自分がその一部を構成する体制の整合性だけだ。繰り返すことが重要なのは、繰り返すうちにいずれ彼らが整合性に納得するからに他ならない。[*1]

陰謀説に耳を傾ける人たちは自分の経験を平気で軽視するため、陰謀説の偽りが明らかであってもその点が重視されないことはたびたびある。二〇一七年六月、テキサス州知事グレッグ・アボットの署名で成立したテキサス下院法案四五号〝米国の法廷を支持する米国法〟の目的は、イスラム教徒が同州へイスラム法を持ち込むのを阻止することにあった。イスラム教徒がテキサス州をこっそりイスラム共和国に変えようとしているなどという状況は、まずありえない――オバマ大統領は米国政府を転覆させるためにキリスト教徒を装っている隠れイスラム教徒だ、という仮説と同じくらい信憑性に欠ける。にもかかわらずこういう陰謀説に効果があるのは、脅威を感じたときに生じる憤りや外国人恐怖症といった「理屈に合わない感情」を簡単に説明してくれるからだ。オバマ大統領が米国政府を転覆させるためにキリスト教徒を装っている隠れイスラム教徒であるという考えは、彼が大統領になると同時に多くの白人が感じた「不条理な脅威」に、理性の筋道を立ててくれる。イスラム教徒がテキサス州にこっそりイスラム法を持ち込もうとしているという説は、反イスラム的な外国人恐怖症を広めている「宗教的ナショナリスト」と、はるか彼方の陸地で行われたテロ行為を映すＩＳの宣伝映像の組み合わせが引き起こした不安に、合理的な説明をつけてくれる。理屈に合わない恐怖や憤りを説明するものとして「陰謀思考の心地よさ」をひとたび受け入れると、大衆は理性的かつ慎重に政治を検討する姿勢を失ってしまう。

荒唐無稽な陰謀説を広めるのはファシズム運動に資することになる。しかし、自由民主主義の広場で常に理性が勝つのであれば、いったいなぜこんなことになるのか？「思想の市場」では真実が最後に勝利するはずだから、たとえ偽りの奇天烈な説でも、自由民主主義はあらゆる可能性を公表すべきではないのか？

哲学が言論の自由を擁護した最も有名な例は、一八五九年に『自由論』を著したジョン・スチュアート・ミルかもしれない。ミルは第二章「思想と言論の自由」で、見当違いの意見であっても意見を封殺するのは誤りであることを立証しようとした。見当違いの意見でも封殺するのが誤りなのは、真の学識は〝真実と誤りが衝突するところ〟からしか生まれてこないからだ。換言すれば、真実と固く信じていることも、討議し、意見の不一致を乗り越え、議論で勝利を収めないかぎりは真の学識になり得ない、ということだ。

ミルによれば、真の学識は実際の論敵との対話やみずからの内なる対話で反対の立場と慎重に議論を重ねた結果生まれてくるものであり、実際の論敵とであれ、みずからの内なる対話を通じてであれ、そのプロセスを経なければならない。どんなに固く信じていることでも、このプロセスがなければ、単なる〝先入観〟の域を出られない。私たちがあらゆる言論を――見当違いの主張や陰謀説さえ――認めなければいけないのは、そうすることで初めて真の学識を獲得するチャンスを得られるからだ。

その是非はともかく、多くの人はミルの『自由論』を〝思想の自由市場〟というモチーフ――先入観と虚偽を追い払って真の学識を生み出す領域――と結びつける。しかし、一般的な「自由市場」の概念と同じく「思想の自由市場」という概念も、ユートピア的な消費者観が前提になる。「思想の自由市場」という暗喩の場合は、たがいの主張について根拠をやり取りすることで会話が成り立つことが理想的だ。片方の陣営が根拠を差し出し、相手の根拠がそれを迎え撃ち、それを続けるうち、最後に真実が浮かび上がってくる。だが、会話は情報のやり取りだけに使われるわけではない。視点を遮り、恐怖をかき立て、偏見を強めるためにも使われる。哲学者のエルンスト・カッシーラーは一九四六年、ファシスト政治がドイツの言語にもたらした変化について論評している。

最近の政治的神話とその活用法を研究すると、驚いたことに、そこには私たちのさまざまな道徳的価値の再評価だけでなく、話し言葉の推移も見つかる(…)新しい言葉が作られ、古い言葉でさえ新しい意味で使われる。言葉の意味は大きく変化してきた。この「意味の変化」が起こるのは、かつては説明や論理や意味を明確にするために使われていたこれらの言葉が、いまはある種の効果を生み出し、ある種の感情を揺さぶらずにおかない「魔法の言葉」として使われているからだ。ただし、こういう新しい言葉には「気分」と「暴力的熱情」が満ちている。[*2]

「思想の自由市場」を支持する意見は、言葉が〝説明や論理や意味〟を伝えるためにだけ使われることが前提になる。ところが、政治の世界――特にファシスト政治の世界では――言葉は単に情報を運ぶためだけでなく、感情を引き出すためにも使われ、情報を運ぶのは主要な役割ですらない。

「言論の自由」のモデルである「思想の自由市場」に訴える論法は、社会に「理不尽な憤りや偏見の力」を乗り越えて「理性の力」を受け入れる傾向がある場合に限って機能する。しかし、社会が分断されているとき、扇動政治家は言葉を弄して恐怖の種を蒔き、偏見を強め、嫌悪すべき集団への報復を呼びかける手口で分断を利用することができる。こういうレトリックに理性で対抗するのは、拳銃に言論で対抗するようなものだ。

真理は――真理だけは――対立する論者の熱い議論なしには生まれないと、ミルは考えているらしい。こういうプロセスを踏むことで先入観は破壊される、とミルは言う。ならば、ロシアのテレビ局〈RT〉が〝もっと疑え〟を標語《モットー》に掲げるのを見たとき、彼は喜んだことだろう。ミルが正しいなら、ネオナチから極左まで可能なかぎりの幅広い政治スペクトルから声を拾い集めることを売り物にしているRTは、「真理生産の模範的源泉」であるはずだ。ところが、RTの戦略は真理を生み出すために考え出されたわけではない。それどころか、基本的な民主制度の信頼を揺るがすプロパガンダの技法として考案されたものだ。その結果生じた不協和音によって客観的な事実はかき消されてしまう。RTだけでなく、米国を含めた世界中で陰謀説を生み出している無数のウェブサイトにも言えることだが、その目的は、民主的議論に必要な「現実の共有」に揺さぶりをかけることにある。

では、ミルはどこで間違ったのか？

意見が食い違うためには、世の中について「一定の前提を共有すること」が必要になる。決闘にさえルールの合意は必要だ。オバマ大統領による医療保険制度《オバマケア》が適切な政策かどうかについて、あなたと私は意見を異にするかもしれない。しかし、オバマ大統領は米国の破壊を目論む隠れイスラム教徒ではないかとあなたが疑い、私がそれを疑っていないとき、両者の議論は生産的なものにはならない。オバマケアの是非ではなく、彼の政策に反民主的な目的が隠されているかどうかを論じることになるからだ。

ロシアのプロパガンダ担当者――〝政治工学者〟と呼んでもいい――は、「生産的な審理」を可能にする「現実世界についての前提」という基本的背景を、「意見」と「突拍子もない可能性」が織り成す不協和音で揺るがすことができることに気がついた。(例えば、福音派メディアリーダーのトニー・パーキンスが二〇一四年一〇月二九日に彼のラジオ番組「ワシントン・ウォッチ」で示唆したように)[*3] 気候変動を論じる科学者たちには同性愛支持の隠れた意図があるのではないかと疑うとき、気候環境政策について冷静な議論ができるとは思えない。「公の領域」にあらゆる意見を差し挟んでその検討に相応の時間を与えることが、「熟考を経て真理を形成する」プロセスを踏むどころか、その実現性を破壊することになってしまう。自由民主国家の責任あるメディアは、この脅威に直面しながら真実を報道しなければならない。どんなに突拍子もない仮説でもそれを推し進める人がいるかぎりは、あらゆる意見を報道したい、という誘惑に抗いながら。

陰謀説が貨幣のように政治に流通し、主流メディアと教育機関の信用が貶められるとき、もはや大衆は民主的論議を支える「共通の現実」を持てなくなる。このような状況では、真実や信頼性以外に「たどるべき標識」を探すしかない。世界各地で見られるように、こういうとき大衆が政治に期待するのは、同族的な帰属意識を与えてくれることや、個人的な不満に取り組んでくれること、そして楽しませてくれることだ。ニュースがそんな気晴らしになるとき、独裁的指導者は一定の人気を得る手段を獲得する。ファシスト政治はニュースを「情報と冷静な議論を伝えるパイプ」から「絶対的指導者が英雄を演じる大活劇」へと変貌させる。

ここまで見てきたように、ファシスト政治は報道機関と大学の信頼を貶めようとする。しかし、健全な民主主義社会の情報領域には民主的制度しかないわけではない。社会全般に疑惑や疑念が広がると、市民どうしが互いに敬意を払うことで築かれる絆がむしばまれ、そのあとには「諸制度への不信」だけでなく「市民相互の不信」という深い溝が残される。ファシスト政治は「健全な自由民主主義」の礎である「市民間の相互尊重」という関係を破壊し、最終的に、それをたった一人の人間（つまり絶対的指導者）への信任に置き換えようとする。最も成功したファシスト政治では、最高指導者は信奉者たちからたぐいまれな信頼できる人物と見なされる。

二〇一六年の米大統領選でドナルド・トランプは平然と繰り返し嘘をつき、長く神聖なものだった自由主義の規範を露骨に軽侮した。主流メディアは彼がついた幾多の嘘を律儀に報道した。彼の政敵ヒラリー・クリントンは「平等の尊重」という自由主義の規範にしたがった。そんな規範に一度だけ背いたのは、〝トランプ支持者の半数は嘆かわしい人たち〟と言ったときで、この発言は延々と槍玉に挙げられた。いっぽう国民はトランプ候補のほうが信頼できると一度ならず感じた。「公の言説」には不向きと思われる「感情を揺さぶるような言葉」をあえて声にすることで、トランプは「本音を語る人」と受け止められた。このようにすれば、政治家は昔ながらの扇動的行動を示しても「信頼できる候補」と見なしてもらえる――不誠実な姿勢が明らかなときにさえ。

民主主義国家でも、ある種の状況下ではこの種の政治が生まれる可能性がある。[*4] 政治家はプロパガンダのひねりを加えながら平然と公益を攻撃し、そうすることで「自分こそ公益の代表者」というメッセージを伝えることができる。なぜこんなわけのわからない状況が可能になるかを理解するには、米国の政治制度で近年こういう状況が生まれてきた経緯を考察してみるといい。

ジェイムズ・マディソン［米国の政治家、一七五一～一八三六］は連作論文『ザ・フェデラリスト』の第一〇編で、米国は代表民主制にのっとり民主主義の価値を代表する指導者を選挙で選ばなければならない、と主張した。選挙には「全市民の公益を考えている」と訴える候補が送り出される。代表民主制が提供することになっている保護は、ふたつの要因にむしばまれてきた。ひとつは、候補者が立候補時に巨額の資金を調達しなければならなくなったことだ〔二〇一〇年の最高裁〈シティズンズ・ユナイテッド対ＦＥＣ〉裁判〔企業に無制限の選挙献金を許す判決〕で、いっそうその状況は強まった〕。結果、候補者は大口資金提供者の利益を代表するようになった。それでも民主主義国家である以上、公益を代表していると主張する努力も必要だ。選挙運動に資金を提供する多国籍企業の最大の利益も、公益であるように見せなければならない。

次に、有権者の中には民主主義の価値観を共有しない人もいるが、そんな人たちにも政治家はアピールする必要がある。大きな不平等が存在するときは問題が深刻化する。有権者の中には単純に、自分の宗教や人種、ジェンダー、出生地に好意的なシステムに魅かれる人たちもいる。期待が満たされないときに、彼らの憤りは支配的な伝統を共有していないと考えられる少数派集団へ向かうことがある。扇動政治家はゼロサム・ゲームよろしく、少数派へ向かう富は多数派から奪われたもの、と主張するかもしれない。自分たちの期待が満たされないのは経済エリートの行動が理由ではなく、そういう少数派集団がいるせいだと考える有権者も出てくるだろう。候補者は「民主主義の価値観」を軽んじるそぶりを見せずに、そんな有権者を引きつける必要がある。結果、多くの政治家は、対立勢力の視点を考慮していないという非難を避けるため、共和党の〝南部戦略〟〔リチャード・ニクソン時代」がそうだったように、遠回しな表現を用いて有権者の憤りを呼び起こす。レーガン時代のホワイトハウスで政治顧問を務め、ジョージ・H・W・ブッシュが勝利した一九八八年の大統領選で選対本部長を務めた共和党の悪名高い政治戦略家リー・アトウォーターは、一九八一年、政治学者アレクサンダー・ラミスのインタビューに答え、人種差別の意図はゆっくり時間をかけて目立たないようにする必要があると述べている。

> 一九六八年にはもう〝ニガー〟とは言えない――言えば痛い目に遭う。しっぺ返しを食らう。だから、まあ、「強制バス通学」とか「州権」といった抽象的な言葉を口にする。いま皆さんがしているのは減税の話だ。あくまで経済の話だが、その副産物として白人より傷つく黒人がいれば……[*5]

こういう戦術は秘密でもなんでもない。そのため、米国の政治は多くの有権者の目に「不誠実な政治」と映ってきた。彼らはその状況にうんざりしている。信念に基づく正直な政治家を熱望している。政治家にはありのままを話してほしい。だからそんな候補者を探し求める。共有できる明確な価値観がない人物でもかまわない。

しかし、特に有権者が根深い偽善に慣れてきたときには、政治家は「自分は偽善者でない」ことをどう示せばいいのか？

偽善だらけの状況に対し有権者がいだく反感に、候補者はどう取り組むか。ひとつは、「民主的価値観の擁護者」を自称することだ。理屈上、民主的文化の社会ではそんな候補者が最も魅力的なはずだ。しかし、政治情勢によっては、この戦略の見通しは暗くなる。不信感が広がっている状況で、「自分は心底から公益を代表している」と訴えるのは難しい。人種やジェンダーの平等といった民主的価値観を拒絶する有権者や、そのような不平等の存在を頭から否定する有権者に、その訴えは届かない。民主的な価値観を推進すると称する複数の候補者が、その価値を支持する有権者をめぐって熾烈な競争をすることになる。

ただし、政治家にはひとつ、同じ戦略を推進する別候補と競わなくても誠実な人物と見てもらえる方法がある。恐れることなく、分断と相反に寄り添うことだ。そんな候補者はイスラム教徒や無神論者よりキリスト教徒の側に平然と肩入れできる。移民より米国生まれの米国人に、黒人より白人に、貧しい人より金持ちに肩入れできる。隠し立てせず、平然と嘘をついていい。つまり、神聖と考えられている政治的価値観を堂々と拒絶することによって「本音で語る人物」というそぶりを見せることができるのだ。

「本物の偽善」と「想像力がつくり上げた偽善」の両方がのさばっているような政治文化では、こういう政治家が一服の清涼剤になる。引き寄せたい有権者たちが嫌っている集団をあからさまに攻撃対象にして、自分の「本物らしさ」を誇示すれば、ことのほか説得力が高まる。このように「民主的価値観」を堂々と拒絶することが、勇敢で信頼できる政治家の証と受け止められる。「民主的自由」は腕の立つ扇動政治家を出現させる可能性があるとプラトンが感じていたのも、正当な理由がないわけではなかった。こういう自由を利用して現実をばらばらに引き裂き、現実に代わるものとして自分を売り込むのが扇動政治家なのだ。

プラトンとアリストテレスがこのテーマを書き著して以来、不平等に汚染された国では民主主義が繁栄できないことを政治思想家たちは知った。そのような分断から生じた憤りは、標的になった人々を〝民衆扇動家を求めたい誘惑〟に駆り立てるだけではない。それ以上に大事なのは、甚だしい不平等が、健全な自由民主主義国家に必要な「現実の共有」に致命的な危険をもたらす点だ。不平等な社会で恩恵を受ける人たちはある種の幻想をかかえているため、自分の特権が偶然もたらされたものであることを認められなくなる傾向がある。不平等な状況が定着して凝り固まったとき、この幻想は（がんのように）転移していきやすい。自分の地位が神に選ばれたものであることを疑う独裁者や王や皇帝が、どこにいるだろう？　民族的優越や宗教、文化、生活様式の優越、帝国の拡大や征服を正当化する優越性が妄想であることを受け入れる植民地宗主国が、どこにあるだろう？　南北戦争以前の南部白人層は、奴隷にされる人々にとって奴隷制は「大きな恵み」なのだと信じていた。脱走や反抗を試みる奴隷に南部大農園主が厳しい姿勢で臨んだのは、そういう振る舞いは「恩知らずの証」であると確信していたからだ。

極端な経済的不平等が民主主義にとって有害なのは、それが現実を覆い隠す妄想を生み出し、社会の分断を解決するために合同協議が行われる可能性を阻害するからだ。大きな不平等から恩恵を受ける人々は、自分の特権は自分で勝ち取ったものだと考えがちだが、それは現実から目をそらさせる妄想に過ぎない。階層化社会から恩恵を受けていないことが明らかな人々でも、恩恵を受けていると信じさせることは可能だ。億万長者の白人たちへの減税措置を貧しい白人が支持するよう誘導するときに、人種差別が利用されるのはそういうわけなのだ。

「自由主義的平等」は、権力や財産に差があっても「人の価値は平等」と見なされることだ。「自由主義的平等」はその定義上、「経済的不平等」と両立するはずなのだ。それでも、経済的不平等が極端になると、それを支えるために必要な神話は「自由主義的平等」をも脅かさずにはおかない。

甚だしい物質的不平等の状況下で生まれてくる神話は、公の討論を裁くしかるべき審判員——つまり、「世間の目」——を無視して、それを正当化する。ファシスト政治は現実を完膚なきまで破壊するため、「平等」という自由主義的理念と正反対のものを導入する。それがヒエラルキーだ。

5

ヒエラルキー

HIERARCHY

人間の運命は平等ではない。健康や富、社会的地位、その他もろもろで差がついている。少し観察すれば、そうしたさまざまな状況で周囲より恵まれている人たちが自分の地位を〝正当なもの〟と見なし、自分の有利を〝当然のこと〟と見なし、他者の不利を本人の〝落ち度によるもの〟と見なす必要をつねに感じていることがわかる。こういう差がまったく偶然の産物なのはじつに明らかで、つまりなんの差もないということである。

——マックス・ウェーバー『経済と社会』（一九六七年）

「法の下の平等」というリベラルな市民権の歴史はおおむね「拡大の歴史」であり、すべての人種、宗教、ジェンダーをじわじわ包み込んでいった。これは政治哲学にも当てはまる。例えば、障害学の研究者たちから影響を受けた哲学者たちが「人間の尊厳」という概念を拡大し、多くの状況で政治的判断を下す力を行使できない人たちをも対象に組み入れてきた。二一世紀、リベラルな思想家のほとんどは、身体的苦痛を感じ、感情を持ち、帰属意識や共感をいろんな形で表明する能力を含めた「人間の普遍的な地位と尊厳」を幅広く認めている。

対照的にファシズムは、自由民主主義理論の前提になる「平等な尊重」とは完全に矛盾する「力と支配の階層構造《ヒエラルキー》」を定めることが自然の摂理だとする。

ヒエラルキーは一種の集団妄想であり、ファシスト政治にたやすく利用される。ジム・シダニウスとフェリシア・プラトーが草分けとなった社会心理学の主要部門〈社会的支配理論〉は、これらの妄想を〝正当化神話〟[*1]と名づけて研究している。過去一五年の〈社会的支配理論〉について二〇〇六年に書かれた文献レビュー冒頭に、こんな主張がある。

社会の政治形態や、基本的信仰体系の内容、社会経済的取り決めの複雑さとは関係なく、人間社会は集団をベースに序列的に組織され、ひとつ以上の集団が他集団より大きな社会的地位と権力を享受する傾向がある。[*2]

そこでファシズムは人間が序列的に社会を組織する傾向を利用し、ファシスト政治家は「階層（序列）を正当化する神話」を「揺るぎない事実」であると触れ込む。原理としてのヒエラルキーを正当化するのは、自然の法則だ。ファシストにとって「平等の原理」は自然法則を否定するものであり、彼らにとっての自然法則は、ある種の伝統——支配的な伝統——をほかの伝統より上へ押し上げる。男が女の上に位置し、ファシストの「神に選ばれた民族（国民）」が他集団の上に位置することを自然の摂理とする。

ファシストの著述には「自然の摂理」という言葉が繰り返し持ち出される。一八六一年三月二一日、〈南部連合国〉副大統領アレクサンダー・H・スティーブンズは、〈コーナーストーン演説〉の名で知られる演説を行った。そこで彼は、合衆国議会が神聖視する「自由と平等の原理」を、自然の法則を侵害するものとして糾弾した。

> 新政府は（「平等」について）正反対の考えの上に築かれている。我々の考えの土台と礎石《コーナーストーン》は、「黒人《ニグロ》は白人と平等でない」という大きな真実の上に置かれている。より優れた人種に奴隷が従うことは、自然で正常な状態なのだ。[*3]

この〈コーナーストーン演説〉は、自由民主主義の原理は自然の摂理に反していて、それゆえ放棄しなければならない、という典型的なファシズムの論理を鮮明にしている。

かつて北部州出身の大きな権力を持つ有能な紳士が、議会で堂々と以下のように述べた。南部人の私たちはこの奴隷制という主題について最終的に譲歩せざるを得なくなる。物理や力学の原理と同様、政治の原理に反して成功を収めることはできない。最後はその原理が勝利する。いま私たちにあるような奴隷制を維持しようとするのは原理に刃向かうこと、つまり自然の中で打ち立てられた原理、「人間の平等」という原理に刃向かうことであると。私はこう言い返した。君たちの陣地で私たちは最終的に成功を収め、私たちの制度に対する反対運動で君と仲間たちは最後に敗北するだろう。真実は告げられた。物理学や力学と同じく、政治の原理と戦っても無益なのはそのとおり、と私は認めた。しかし、彼にこう言った。原理に反しているのは君のほう、君と行動を共にしている人々のほうだ。君たちは創造主が不平等にお創りになったものを平等にしようとしているのだから。

〈南部連合国〉は〝自然の法則に厳密に従った原理の上に築かれていて〟、その法則こそが〝私たちの新しい殿堂の真の「礎石」である〟とスティーブンズは明言した。彼は人種的劣等という不平等を否定する人たちを、「真理という永遠の法則」を拒む「狂信者」であると糾弾した。〈南部連合国〉はヒトラーの〈第三帝国〉同様、人種による階層構造の原理である〝自然の貴族主義原則〟を防衛するために建設されたのだと。

大学にはいまでも、知性や粗暴傾向に関する人種間の遺伝的優劣について〝冷静な対話〟を強く求める声が残っている。そこには「人種の平等」が正しいと固く信じる奴隷制廃止論者を非合理的な「狂信者」と非難したスティーブンズと、きれいに響き合うものがある。二〇一八年三月のガーディアン紙に掲載された「歓迎されない人種学の復活」という記事で、ジャーナリズム学者のギャビン・エバンズは、政治学者チャールズ・マレーやハーバード大学の心理学者スティーブン・ピンカーらを通していかにして〝人種学は主流の会話にじわじわ入り込みはじめているか〟を指摘した。エバンズによれば、二〇〇五年にピンカーが〝アシュケナージ系ユダヤ人は生まれつき特別に知的である〟という見解を世に広めはじめ、エバンズはこの見解を〝人種学の笑顔〟と形容している。アシュケナージ系ユダヤ人は生まれつき特別に知的であるという主張を読んだ人は、ほかの集団とその〝生まれ持った知性〟についていくつかの結論に招き寄せられる。二〇〇七年にピンカーはオンラインサイト〈ジ・エッジ〉において、〝政治的公正〟のおかげで研究者たちは、〝総じて女性と男性には才能や感情の差があるか？〟とか〝総じてアシュケナージ系ユダヤ人は金貸しに必要な抜け目のなさで選りすぐられた祖先を持つがゆえに非ユダヤ人より賢いか？〟とか〝総じてアフリカ系米国人男性は白人男性よりテストステロン値が高いか？〟といった〝危険な思想〟に基づく研究を妨げられてきたと糾弾している。この種の執筆が気がかりなのは、不平等の源を自然の法則に探し求めようとする人々が、平等を求める心からの嘆願を理性で拒む「勇敢な真理探究者」であるかのように描写されている点だ。この研究はひいき目に見ても胡散臭い。ともあれ、スティーブンズが真実と指摘した「不平等」を自然法則の中に探す努力は聖杯探しのように続いている。
自然界には「価値の序列」が厳然と存在し、その存在が「平等な配慮の義務」を根本から覆す、とファシストは主張する。二〇一六年の米大統領選でドナルド・トランプは、政府による寛容な医療政策を〝受けるに値しない〟のに受けてきた人々（同胞である黒人を指すことが多かった）を蔑視する発言をたびたび行い、彼を支持する多くの白人の言葉にもこの種の価値判断がうかがえた。人種によって同じ米国人が〝受けるに値する人々〟と〝受けるに値しない人々〟という「価値の階層」に分けられてきた長い歴史に、トランプは目をつけたのだ。

〝値する〟と〝値しない〟の区別をどう正当化するのかと記者たちから説明を迫られたとき、このような言葉遣いをする米国人はまず、人種を区別する言葉ではなく〝働き者〟対〝怠け者〟という構図に手を伸ばす。だが、それだけでは同胞をこういうカテゴリーに分ける正当性を示せない。第一に、米国では「肌の黒さ」を「怠惰」と結びつける形でたびたび人種差別が行われてきた。こうした言葉は前々からずっと「人種による分断」を意味する遠回しな表現に使われてきた。第二に、「よく働く能力（とやら）」で人の値打ちを測るという概念は、自由民主主義についての混乱を露呈している。自由民主主義の理論に、基本的な「平等の尊重」はよく働くことで勝ち取られる、という考えはない。何人（なんぴと）にも社会の生活必需品を等しく手にする価値がある、というのが自由民主主義を支える考え方だ。

集団によって知性と自制心には生まれつき差があると論じ、そう言いながら、万人の「平等な尊厳」を重んじると主張する人たちもいる。しかし、他者を平等に扱うと同時に集団によって系統的な差異があると信じることは難しく、その顕著な例を歴史は示している。社会学者のW・E・B・デュボイスは一九二〇年の小論「人間の統治について」で、政策の決定に女性は同等の声を与えられていないと書いた。

（…）女性が現代の民主主義から締め出されてきたのは、「女性は男性に服従するもの」という根強い見方が存在し、夫をはじめ男性たちが自分たちの利益を図ったからだと言われる。どうやら、いま夫や父や兄弟のほとんどは、女性を世話する方法や女性の必要なものがわかるかぎり、女性の面倒を見るつもりでいるらしい（…）世界の至るところに存在する男女間の不平等な関係性と子どもたちの問題を見るだけで、この「締め出された知恵」がどれほど必要かを理解するには充分だ。[*4]

こうした例を見るかぎり、集団によって「認知能力や自制力」に遺伝子差があるという信仰が存在する状況で、「価値の平等」という倫理観を維持するのは難しそうだ。現実との対立を見るかぎりジェンダーや人種や民族によるこの種の階層差は存在すると信じるしかない、と考える人はどこにもいない。「宗教的布告」や「科学調査」がそういう階層の存在を立証しようと何世紀か試みてきたにもかかわらず、その存在を示す有力な証拠は見当たらない。人種によって知性や自制力に差があると強く訴えながら、反自由主義的道徳観や政治的結果には関心がないと言う人々は、誤った方向へ導かれがちだ。

「価値の序列」の確立が、権力を――自由民主主義が合法性を認めようとしないような権力を――獲得して保持するための手段であることは、言うまでもない。現時点で、自由主義的理想への批判は伝統的左派と伝統的右派の両方から行われている。自由主義に対する左派の批評は、自由主義は「過去の不正」に責任を持たないから、構造的、歴史的な不平等を清算できないと指摘する。左翼の自由主義批判者は、「平等と自由」という自由主義の理念は支配集団の権力の固定化に利用される可能性がある、と主張する。固定化した構造的不正を正す方法――例えば、差別是正措置計画《アファーマティブ・アクション》――は、「平等な扱い」という自由主義の理念に反すると主張する。右派の自由主義批評は趣が異なる。右翼の批判者たちは、社会の主流から取り残された集団が支配集団の特権的地位と彼らの伝統を排除する武器として「自由主義的平等」を利用する可能性がある、と警告する。

　左翼と右翼の自由主義批評は、ともに、自由主義の理念は能力差を無視しているという事実に目を向けている。自由主義の理念は能力差を無視することで既存の不平等を固定化することになると、左翼の批判者たちは主張する。自由主義は能力差を無視することで、強制的な――それゆえ不当な――〝権限分割〟により支配集団の特権的地位を転覆させやすくする、と右翼の批判者は主張する。後者の主張はヒトラーの著述だけでなく、『シオン賢者の議定書』にも明らかだ。

『議定書』はユダヤ教徒の指導者とされる〝シオン賢者たち〟が作成したとする「ユダヤ民族が世界を征服し支配するための計画書」を装った「虚偽の書」であることを思い出してほしい。同書は〝自由の理念、いわゆる自由主義《リベラリズム》を敵に感染させよ〟と指示するところから始まる。『議定書』によれば、自由主義はキリスト教徒にユダヤ人の「平等の権利」を認知させることで〝敵〟(ここではキリスト教徒)を弱体化させる。キリスト教徒が自由主義を受け入れた場合、彼らはほかの宗教集団に「平等な尊重」と「平等な承認」を与えることになり、その結果、伝統的な支配的地位を割譲することになる。

政治的自由は単なる思想であって、いささかも事実ではない。しかし、政権を取っている党派を粉砕するために、この思想を餌に大衆を自覚へ引き寄せる必要があるなら、理念に過ぎないその政治的自由でも撒き方や使い方を心得ていなければならない。その際、打倒すべき敵陣営が自由の理念、いわゆる自由主義《リベラリズム》に感染して、思想ゆえに権力の一部を引き渡してくれたら、仕事はいっそうやりやすくなる。この場合には、私たちの持論が勝利を収めるのは目に見えている。統治の手綱が手放されると新しい手に手綱が取られるのは、自然法則のなせる業だ。盲目的な大衆は一日たりとも指導者なしではいられないからで、新しい支配者が自由主義で弱体化した前任者に代わってその座に就くだけのことなのだ。

『議定書』の書き手とされる人たちの〝政治的自由は単なる思想であって、いささかも事実ではない〟という声明は、ひとつの集団が先頭に立って指導し支配することを「自然の法則」が求めている以上「政治的自由」ひいては「政治的平等」は幻想であり不可能という、スティーブンズの〝コーナーストーン演説〟の主題と響き合う。『議定書』は「政治的自由」とか「自由主義」といった神話を広めるよう支配集団の大衆をそそのかす。権力の座にある人々は「政治的自由」の神話を受け入れれば、能力を持たない人々に「平等な地位」を与えることになる。しかし〝生命の法則〟、すなわち自然は、ひとつの集団による統治を求めているのだから、支配的立場にあるキリスト教徒がいったんユダヤ人に権限の一部を与えたら、いずれすべての権限を奪い取られるかもしれない。

ファシストによれば、「平等」は自由主義の〝トロイの木馬〟だ。オデュッセウス［「トロイの木馬の考案者」］の役が、ユダヤ教徒や、同性愛者、イスラム教徒、非白人、フェミニスト、その他もろもろに与えられかねない。自由主義の「平等」という原則を広める人はみな〝自由という思想に感染した〟騙されやすいカモか、ずる賢い（じつは、反自由主義的な）企みを胸に秘めて自由主義の理念を広めている国家の敵だ。

ファシズムの計画は、真の〝民族（国家）〟の構成員の「地位喪失にまつわる不安」と「嫌悪すべき少数派集団が自分たちと同等と認知される恐怖」を結びつける。二〇世紀のクー・クラックス・クラン（KKK）はユダヤ人を、黒人の人種的平等を後押しする勢力と見なしていた。ユダヤ人は白人の純血を希釈して白人キリスト教徒の民族国家を弱体化させるために黒人の平等を推し進めようとしている、と彼らは考えた。ナチスの理論家アルフレート・ローゼンベルクは一九二三年、『シオン賢者の議定書』を翻訳してこんな注釈をつけている。〝すべてのユダヤ人が自由と平和を求めて来る日も来る日も戦っているふりをしていることは、誰もが知るところだ。ユダヤ人の利益を高めるかぎり、彼らの話し手は人道主義と人類愛をたっぷりと滴らせる〟[*5]。ナチスのイデオロギーでは、ユダヤ人はナチスと同じ階層制的自然観で活動するが、「自由民主主義の普遍的原理」を見せかけに用いて活動を推進する。ここまで見てきたように、自由民主主義の真の守護者を、敵を弱体化させるためにその理念を守っているに過ぎないと中傷するのは、古典的なファシスト政治の手口だ。

ファシストたちの言によれば、自由主義者とマルクス主義者（あるいは〝文化的マルクス主義者〟）は「平等」と「自由」という理念を推し進めて、彼らの思想を〝感染症〟のように支配者集団間に広め、その結果、支配者集団の人々は権力を手放すことになる。「女性の平等」の場合、自由主義の理念を受け入れるとファシズム神話の土台である「高潔な家父長制的社会」が破壊される。リンドバーグの〝アメリカ・ファースト〟運動は、移民が入り込むことで白人国家の〝純血〟が汚染されるとして、自由主義の理念を否定した。現代ロシアと米国のキリスト教右派の多くは、自由民主主義は移民の入国を合法化して「移民による大規模強姦」をもたらし、同性愛とそれに付随する〝性的倒錯〟の罪をいっしょに受け入れることになる、と警告する。

ピラミッド型の階層構造《ヒエラルキー》は別の形でもファシスト政治に恩恵をもたらす。ヒエラルキーの恩恵に慣れている人たちが「自由主義の平等」を「自分たちが迫害を受ける原因」と考えるように誘導するのは簡単なことだ。ヒエラルキーから恩恵を得ている人たちは自分たちの優越神話を受け入れ、それが社会現実についての基本的事実をふさぎ止める。彼らは自由主義者から発せられる「忍耐」や「多様性」を受け入れよとの嘆願にも、そのような訴えは別の集団が権力を掌握する計画の隠れ蓑だと言って、信用しない。ファシスト政治は「階層社会における地位の喪失」が引き起こす「虐げられた被害者意識」を食い物にする。

この喪失感ゆえに、斜陽の帝国は特にファシスト政治の影響を受けやすい。帝国は本質的にヒエラルキーをつくり出し、「自分たちは特別」という神話で植民事業を正当化する。帝国の衰退期に国民は国家的（民族的）屈辱感へと簡単に導かれ、その屈辱感はファシスト政治で結集されてさまざまな目的に役立てられる。一九世紀の終わりから二〇世紀の初めにかけてオスマン帝国は大崩壊を経験し、現在のリビアやアルバニア、マケドニア、ボスニア、ヘルツェゴビナ、クレタ島など、アフリカと欧州で四〇万平方マイル以上の領土を失った。皇帝は一九〇八年に地位を失い、一九一三年には、「非トルコ人・非イスラム教徒の少数派の存在により脅威にさらされた純トルコ民族」という神話的過去を説く過激な超民族主義者たちに権力を奪われた（オスマン帝国の本拠だった現在のトルコは世界に権勢を振るい、最も長期間続いたキリスト教帝国（ビザンツ帝国）の一部だっただけに、ここの神話はとりわけ極端だ）。トルコは一九一〇年代、屈辱と憤りと領土の喪失を利用して、歴史に名をとどめる恐ろしい犯罪を起こすことになった——アルメニアのキリスト教徒虐殺だ。

二〇一六年六月のネイション誌の「なぜいまトランプなのか？ 帝国だからだ、愚か者」という記事で、ニューヨーク大学の歴史学者グレッグ・グランディンは、一六年の選挙戦でドナルド・トランプの政治手法が効果的だったのは、米国という帝国が下り坂に入っていたからだと主張した。米国が唯一の超大国として世界に君臨した冷戦後の時代変化を、私たちはこの目で見ている。グランディンはこの記事で、帝国は市民の間に「優越」という耳に心地いい神話を引き起こし、そうすることで（さもなければ）政治的困難をもたらすはずのさまざまな社会問題と構造的問題を覆い隠す、と主張した。帝国の崩壊でかつて強大だった国の市民たちは、自分たちが特別な存在というのは「神話に過ぎない」という事実と向き合わなければならない。グランディンは以下のように述べている。バラク・オバマが大統領選に勝利した二〇〇八年頃から〝帝国の安全弁は閉じられ、イラクにおける破滅的な戦争と二〇〇八年の金融危機の組み合わせで身動きが取れなくなった……。オバマが政権に就いたのは、新自由主義と新保守主義がもたらした残骸の中だったため、帝国はもはや情熱を希釈することも、関心を満たすことも、分断をまとめ直すこともできなかった〟と。

帝国のヒエラルキーが崩壊して社会の現実があらわになったときには、「優越」というおなじみの耳に心地いい幻想を保存するメカニズムとして、階層構造の社会を懐かしむ気持ちが生まれがちだ。文化的、民族的、宗教的、ジェンダー的、国家的な「優越感」を守ろうとする、かつてないくらい根拠薄弱で困難な闘いの結果生まれた「憤懣やるかたない喪失感」と「被害者意識」を食い物にして、ファシスト政治は勢いを得る。

6

被害者意識

VICTIMHOOD

ファシスト政治には「平等」と「差別」という対立する概念が混在する。〈一八六六年公民権法〉は新たに解放された南部の黒人を米国市民とし、彼らの市民権を守るものだった。法案が上下両院を通過したのは一八六六年三月一四日。同月、アンドリュー・ジョンソン大統領はこれを〝〈一般政府〉が白色人種に提供してきたものをはるかに超える安全装置を有色人種のために根付かせる〟法律であるとして、拒否権を行使した。社会学者のW・E・B・デュボスも書き記しているように、ジョンソンは将来の「黒人の平等」へと向かう道の始まりで示された最小限の安全装置を、〝白人に対する人種差別〟と受け止めたのだ。[*1]

今日《こんにち》の米国の白人は、この国が過去五〇年で人種的平等に向かって遂げてきた進捗状況を甚だしく過大評価している。現在の黒人と白人の「経済的不平等」は〈南部再建期〉のそれに近い。平均的な白人家庭が一〇〇ドルを蓄えてきたとしたとき、平均的な黒人家庭が蓄えてきたのは五ドルに過ぎない。なのに、ジェニファー・リッチェソン［心理学者」とマイケル・クラウス［言語学者］とジュリアン・ラッカー［心理学者］が二〇一七年の論文「米国人の人種間の経済的平等についての誤解」で示しているように、白人市民はこういう事実を全然わかっておらず、人種間の経済的不平等は劇的に減少していると信じている。[*2] ドナルド・トランプ大統領の支持者のうち四五パーセントは、米国で最も差別されている人種集団は白人だと信じている。トランプ支持者の五四パーセントは、米国で最も迫害されている宗教集団はキリスト教徒だと信じている。もちろん、「憤りと圧迫感」と「紛れもない不平等と差別」には決定的な違いがある。

「昔からの少数派」の代議員数が増加することが支配集団からさまざまな意味で脅威と受け止められてきた事実については、社会心理学に長い研究の歴史がある。[*3] 最近は社会心理学研究による証拠が増えてきて、少数派と権力を平等に分かち合うことになりそうなとき、支配集団が被害者的な感情をいだく現象が明らかになっている。最近、米国では、二〇五〇年頃に同国が〝多数派《マジョリティ》の少数派《マイノリティ》化〟を迎え、白人がもはや過半数《マジョリティ》でない国になる見通しであることが大きな注目を受けてきた。この情報の特徴を生かし、白人がその情報を提供されたときにどんな反応を起こすかをテストしてきた社会心理学者たちがいる。

心理学者のモーリーン・クレイグとジェニファー・リッチェソンは二〇一四年の研究で、〝マジョリティがマイノリティ化する〟ときが差し迫っていると明示しただけで、白人の政治的無党派層に右翼的政策を支持する人が増えたことを突き止めた。[*4] 例えば、白人過半数から非白人過半数へ人種割合がシフトするときが迫っていると知った白人被験者は、差別是正措置への支持傾向を弱め、移民制限への支持傾向を強め、驚いたことに、防衛費の増大といった〝人種に関係のない〟保守政策への支持傾向まで強めたという。二〇一八年の共同評論でこの研究を要約したモーリーン・クレイグとジュリアン・ラッカーとジェニファー・リッチェソンは、〝こうした研究の増大により、〝米国の白人（つまり現在の人種的多数派）は近い将来起こるマジョリティからマイノリティへの移行を（社会的、経済的、政治的、文化的な）支配的地位に対する脅威と受け止めることが明らかになった〟[*5]とした。この「脅威」という受け止め方が政治的に結集され、「右翼運動への支持」を増やす可能性がある。この弁証法は決して米国特有のものではない。むしろ、集団心理学の一般的特徴と言っていい。市民権や権力を少数派と分かち合うことへの懸念が支配集団に生み出した被害者意識につけ込むのは、世界各地で見られる現在のファシスト政治に共通の現象だ。

　歴史上、抑圧を受けた集団は差別に直面したとき、危機に瀕したアイデンティティへの誇りを明示する運動を起こしてきた。西欧では危険な反ユダヤ主義に呼応してユダヤ人のナショナリズム運動「シオニズム」が発生した。米国では有害な人種差別主義に呼応して「黒人ナショナリズム運動」が起こった。これらナショナリズム運動は元々、抑圧に対して起こった反応だった。反植民地闘争はナショナリズムの旗印を掲げて起こるのが通例だ。

例えば、マハトマ・ガンディーはインドのナショナリズムを英国支配に立ち向かう道具に使った。この種のナショナリズム、抑圧から起こるナショナリズムは、そもそもの初めからファシズム的性格を帯びていたわけではない。このような形のナショナリズムは、最初は平等を要求する民族運動だった。

　植民地主義では、宗主国が「普遍的理念の担い手」を自称するのが通例だ。例えば英国の植民地主義者は、ケニアでキリスト教を普遍的理念として掲げ、現地部族の多くの宗教を原始的で野蛮な信仰扱いした。この宗教的抑圧がひとつの要因として起こった〈マウマウの乱〉では、キクユ族伝統の宗教が旗印になった――マウマウの反乱者たちはキクユの神ンガイに誓いを立てた。マウマウの対植民地主義闘争には民族主義的な「宗教の理念」が使われた。しかしマウマウの闘争の目標は、英国の宗教的伝統に対しキクユの宗教的伝統の優越を勝ち取ることだったわけではない。むしろ、原始的で残忍性を帯びた信仰としてキクユの伝統を悪魔視する英国に対し、キクユの伝統の平等を勝ち取ることにあった。そのためには、自分たちの伝統（の地位）を押し上げ、きわめて神聖で特別なものとして高く掲げる必要があった。英国の「伝統の価値」を否定する手段としてではなく、「平等な尊重」を求める声を際立たせる手段として。したがって、この種のナショナリズムは決して平等に反対しているわけではない。それどころか――見かけとは逆に――「平等」が目標だった。

今日の米国の〈ブラック・ライブズ・マター〉運動にも同じことが言える。この運動に反対する人々はこの標語《スローガン》を、「黒人の命だけが大切」という反自由主義的・民族主義的な主張と解釈する。だが、この標語は決して「白人の命の価値」を否定することが目的ではない。むしろ、米国ではこれまで「白人の命のほうが非白人の命より重く」受け止められてきた、と告発するのが目的なのだ。「平等な尊重」が払われてこなかった点に注意をうながすのが〈ブラック・ライブズ・マター〉というスローガンの主眼だった。この文脈では、「黒人の命も大切」と解釈するのが正しい。

ファシズムの中核には、部族や同族への帰属意識、宗教、伝統——ひと言で言えば「国家」——への忠誠がある。しかし、「平等」を目標とするナショナリズムとはまったく対照的に、ファシズムのナショナリズムは自由民主主義の理念を拒絶する。ファシズムは「権力と地位の階層」で最上位を維持、温存、獲得する目標を秘めた、「支配のためのナショナリズム」なのだ。

抑圧から起こるナショナリズムと支配のためのナショナリズムの違いは、平等との関係性を考えれば明白だ。だが、その違いは内側からは見えにくいのかもしれない。特権的地位の喪失からもたらされる苦痛が、「正真正銘の社会的疎外」がもたらす抑圧感と同等かどうかは別にして、どちらも苦痛なことに変わりはない。自分の宗教の休日と国の法定休日が一致する国で育ってきた人は、自分の宗教の休日と伝統が数あるうちのひとつに過ぎない国で子どもを育てることになったとき、「社会的疎外感」を覚えるだろう。自分の見る映画やテレビ番組に出てくる人が自分に似ている社会で育ってきた人は、自分に似た主人公がたまにしか出てこないとき「社会的疎外感」を覚えるだろう。自分の文化がもはや自分の文化でない気がしてくる。男性を英雄視し、女性を「男を崇拝する受動的存在」視して育ってきた人は、職場や戦場で女性を同等の存在と見なければいけなくなったとき、既得権を奪われ抑圧を受けている心地がするだろう。間違った不平等が正されるときには、いつも、そんな間違いから恩恵を受けていた人々が痛みを覚えるものだ。必然的に、この痛みを抑圧と感じる人もいるだろう。

ファシズムのプロパガンダは、支配的地位の喪失がもたらす「うずくような痛み」への「賛歌」を前面に押し出すのが一般的だ。この紛れもない喪失感がファシスト政治で巧みに操られて「虐げられた被害者」意識に形を変え、過去の抑圧や継続中の抑圧、新しい形の抑圧を正当化するために用いられる。

経済構造的な理由で失業している労働者階級の白人男性も、〝自分の与えられてきた特権を考えてみろ〟（自分がどれほど恵まれているかわかっているか？）と言われたら、白人優越問題を同じ土俵で見やすくなるのかもしれない。ファシスト政治は自由主義のこうした生真面目な自己抑制を大いにからかう。人種とジェンダーに基づく地位が白人男性に――白人男性ほどではないが、白人女性にも――「黒人には完全な入手が困難なレベルの自由」を与えてきたという確かな証拠を示す構造的不平等の調査研究には、国民全体の反省が必要だ。〝自分の特権を考えてみろ〟とは、日常的に航海している「隔絶社会の現実」を認識すべき、という白人への呼びかけなのだ。ところが、このフレーズはリベラルエリートの側の偽善として公的な場へ投げ返される。二〇一七年の米国では、白人至上主義者の宣伝に「黒人への人種差別」という表現は見つからず、「白人への人種差別」という表現が数多く見つかるからだ。

ファシスト政治は長期にわたる懸命の取り組みを反転させ、不正確に伝え、転覆させることで「構造的不平等」を覆い隠そうとする。最良の差別是正措置《アファーマティブ・アクション》は構造的不平等を識別してそれに取り組むことを目的としていた。ところが、差別是正措置は個人の能力差を反映していないという偽りの表現を浴びせ、差別是正措置を提唱する人たちは自分の人種や自分のジェンダーに基づく〝ナショナリズム〟を追求して勤勉な白人に害を及ぼしていると訴えて、イメージを塗り替えようとする中傷誹謗者たちがいた。かつては誰も疑問視しなかった「確固たる尊厳」――黒人ではなく白人であることで与えられてきた尊厳――を失った経験は、白人の被害者意識をかき立てる言葉にあっさり攻略されてしまう。

一九九〇年代の米国で起こった〈男性の権利擁護活動〉（ＭＲＡ）という運動は、特権喪失の経験を被害者意識に結晶化したものだ。ストーニーブルック大学の社会学者マイケル・キンメルは、二〇一三年の著書『怒れる白人男性──一時代の終焉における米国の男らしさ』［未邦訳］で、以下のように述べている。

白人男性は抑圧者役と言われても、中流階級に属するありふれた白人はそれほど多くの権力が自分の上に滴り落ちてきているとは思えない（…）MRAにとって米国社会の真の犠牲者は男性で、だからフェミニズムに対する男性の不安や怒りを軸に団体を発足させた──〈自由な男性連合〉、〈全米男性会議〉、〈自由と平等を達成する男性（MALE）〉、〈男性の権利株式会社（MR．Inc）〉といった団体を。これらの集団は平等に献身して性差別主義に終止符を打つと表明する──性差別主義のおかげでフェミニズムとの戦いを余儀なくされたのだから、と。[*6]

〝この「怒れる白人男性」という新たな集団の興味深い特性は、いまでも社会の権力と支配力の大半を握っているのは白人男性なのに、その白人男性たちが被害者になったような心地に見舞われている〟点にある、とキンメルは指摘する。彼はこの「被害者意識」を「家父長制の神話的過去の永続化」につながるものとする。

こういう考えは、額に汗して懸命に仕事に取り組むだけで国家エリートに仲間入りできると男たちが信じていた過去の世界への、いささか懐古的な憧れの反映でもある。悲しいかな、そのような世界が存在したことはなかったのだが。経済エリートたちは実力社会の理想をよそに君臨し続けていた。それでも男たちは、そんな過去の世界を信じるのをやめなかった。それが〈米国の夢〉だから。それを手に入れそこねたとき、男たちは屈辱にまみれ、怒りのやり場をなくした。*7

階層社会の神話的過去を広めることは人々に過度の期待をもたらす。この期待が満たされなかったとき、彼らは被害者になった心地がする。*8

ファシスト政治の戦術を用いる人々はこの感情を巧みに利用し、大多数の人々の間に「虐げられた被害者」意識を創り出して、それをなんの責任もない集団に向け、その集団を懲らしめることで迫害された感情を和らげてみせると誓う。ケイト・マンネが著書『ダウン・ガール』［未邦訳］で、家父長制と女性蔑視に線引きをしてこの状況を解説している。マンネによれば、家父長制は階層型の思想であり、高い地位への過度の期待を生み出す。家父長的な期待が満たされなかったとき、その原因として女性に憎悪が向けられる。ファシスト政治の論理はマンネの女性憎悪の論理で鮮明にモデル化されている。

〈ブライトバート・ニュース〉は反移民のプロパガンダに満ちた極右の報道発信源で、

難民のことを「公共の健全さを損なう脅威」「文明への脅威」「法と秩序への脅威」と糾弾する。こういう発信源には、支配的多数派の「虐げられた被害者」意識を武器に変えて政治利益化する方法が明示されている。〈ブライトバート〉は〝ミネソタ州で難民二九六人が活動性結核と診断、他州の一〇倍、ほとんどがソマリア人〟とか〝ソマリア人――二〇一七会計年度に米国に到着した難民中、最も教育レベルが低い人々〟と題するものなど、国内のソマリア難民関連の見出しを付けた記事を何十本も掲載している。この〈ブライトバート〉も、米国に最近出現したこの手のプロパガンダの波のごく一部に過ぎなかった。極右反移民グループ〈難民再定住監視団〉のアン・コーコランは、二〇一五年四月に投稿されて以来三〇〇万回視聴された動画で、「イスラム教徒による米国植民地化」計画について語り、この計画には国連などの国際組織や、米国務省などの連邦機関、そして〝米国全土にイスラム教徒の種を蒔く任務を与えられたキリスト教徒とユダヤ教徒の集団〟が支援と幇助を行っているとした。これら報道発信源は、私たちの中の〝自由主義〟集団という〝第五列〟［獅子身中の虫］が人権という言葉を使って国の伝統を揺るがそうとしている、との被害妄想を広げていく。彼らはそうすることで「自由主義の理念」を貶めるだけでなく、自分たちの標的は厳しい監視や罰を受けるべき、とも提言する――支配集団が不安になるという根拠だけに基づいて。

自分たちは被害者である、という主張を分析する際には、社会の「権力力学」を理解することがきわめて重要になる。力関係の変化にしっかり注意を払っていないと、平等を求めるナショナリズムそれ自体がたちまち抑圧的な性質のものに変わってしまう。正真正銘の抑圧の歴史から「好ましからぬ民族主義的感傷」が生まれることもある。セルビア人がかつて迫害を受けた点に疑問の余地はない。そういう抑圧を探し当てるのに、セルビア国民の大きな怒りと帰属意識の源である一三八九年の〈コソボの戦い〉まで遡る必要はない。彼らが強制収容所で大量に虐殺された第二次世界大戦時までで充分だ。現代セルビア人は迫害の遺産を記憶に呼び起こせる家族から生まれている。セルビアの民族主義勢力はその背景を利用し、自分たちより力が弱く社会の主流から取り残されていた現地イスラム教徒への迫害を正当化しようとした。

一九八六年、〈セルビア科学芸術アカデミー〉はセルビアの有害な民族主義的信条を並べ立てた覚書を作成し、これが元で旧ユーゴスラビアに数多くの流血惨事がもたらされた、というのが一般的な見方だ。この文書は「被害者意識」と「民族抑圧への情念」のつながりを把握する有効な手引きになる。当時、コソボ自治州に住む人の大半（民族的にはアルバニア人）は自治拡大を要求していた。文書の作成者たちはコソボでセルビア民族にアルバニア人が行った仕打ちを〝身体的、政治的、法的、文化的な大量虐殺《ジェノサイド》〟と語っている。彼らは〝ユーゴスラビアの民族でセルビア人くらい残虐に文化的、精神的なアイデンティティを踏みにじられた民族はない。文学と芸術の遺産をこれほどまで徹底して略奪され、破壊された民族はセルビア人だけだ〟と断言している。そして、セルビアに対する「一貫した経済的差別」を告発し、「揺るぎない経済的従属状態」を訴える。〝この共和国への報復的政策は時間が経過しても何ひとつ衰えを見せていない。それどころか、その成功に勇気づけられてかつてないほど激しくなり、大量虐殺を起こすまでになった〟と彼らは明言する。この文書は劇的に誇張されたセルビアの悲運の物語を用いて、「民族的セルビア人の防衛」と「セルビアの伝統的歴史と文化」に改めて献身することを求めている。

スロボダン・ミロシェビッチは一九八九年から九七年までセルビアの大統領を務めた。彼は一九八九年六月二八日、〈コソボの戦い〉六〇〇周年を記念して古戦場に集まった大群衆を前に演説を行った。〈コソボの戦い〉でオスマン帝国に敗れ、「セルビアがまる六世紀のあいだ苦しむ運命に陥ったのは」、セルビア人の結束が欠けていたから――つまり、セルビア人に愛国心が足りなかったからだ、と彼は断じた。この演説で彼は、セルビア人に民族の誇りが欠けていたがために、何十万ものセルビア人が殺されたファシスト恐怖政治期の犠牲を上回る何世紀もの〝屈辱〟と〝苦痛〟がもたらされた、と指摘している。ミロシェビッチによれば、恐怖の数世紀に終止符を打つためには、国民の結束――つまり、セルビアの民族主義的愛国心――を胸にいだくしかない。「セルビア人を被害者とする物語」は彼を政治的勝利に導いた。それは「コソボ紛争」を含めた一連の残虐な戦争の正当化にもつながった。この紛争後、「コソボのアルバニア人」に対するミロシェビッチの行動は「大量虐殺」と「人道に対する罪」で〈旧ユーゴスラビア〉国際戦犯法廷〉に起訴された。セルビア人がかつて複数の勢力から虐待を受けた点に疑問の余地はない。ミロシェビッチが標的にした集団の多くは「セルビア人が受けた抑圧」になんの責任もなかったのだが、そんなことはお構いなしだった。扇動的ナショナリストたちの下でセルビアが刻んだ近年の歴史は、ファシスト政治が過去の抑圧された歴史をいかに利用して実体のない敵に軍隊を動員するかを教えてくれる。

被害者意識は圧倒的な感情であり、その情動が、平等を求めて引き起こされたナショナリズム運動と支配のためのナショナリズム運動の相違を覆い隠すことにもなる。権力集団が抑圧された人々の民族主義運動、つまり過去の紛れもない抑圧が引き起こした民族主義運動を装って自分たちの覇権を推し進めるとき、彼らはその仮面を利用して「平等」を弱体化させていることになる。イスラエルの右派が「ユダヤ人抑圧」という疑問の余地のない歴史を利用して、ユダヤ人にはパレスチナの土地を所有してそこで暮らす「優先権」があると主張するとき、彼らは被害者意識に寄りかかって、「平等な尊重」を求める闘争と「支配実現」のための闘争の相違を曖昧にしている。抑圧は行動を起こす強い動機になるが、誰がいつどんな文脈で誰に行使しているかという問題が重大なのは、いつの世も同じだ。

ファシズムの根幹にはナショナリズムがある。ファシズムの指導者は集団的な被害者意識を利用して集団への帰属意識を創り出すわけだが、この帰属意識は元来、世界市民主義《コスモポリタン》的性格や自由民主主義的な個人主義には反している。肌の色、宗教、伝統、民族の起源と、集団への帰属意識の土台はさまざまだ。しかし、つねにそれは「他者」と対比され、その他者を敵として国家や民族が定義される。ファシストのナショナリズムは防衛が必要な相手や、ときには戦う相手として、危険な〝やつら〟を創り出すことで「集団の尊厳」の回復を図ろうとする。

二〇一七年一〇月一二日、ハンガリーの首相ビクトル・オルバンはブダペストで開かれた〈キリスト教徒迫害に関する国際協議会〉で演説した。彼はその冒頭、欧州のキリスト教徒は「紛れもない不当な迫害」を受けていると語り、そこに「差別的」「苦痛に満ちた」という表現を貼りつけた。彼はハンガリーが伝統的に果たしてきた「欧州におけるキリスト教徒の守護者」の役割を自賛したあと、「今日、キリスト教が世界で最も迫害されている宗教であることは事実」と断言し、その状況は「欧州的な生き方と我々の独自性の未来」を危うくすると語った。そして、「今日《こんにち》我々（欧州）が直面している最大の危険は、キリスト教ルーツを否定することに対する無関心な沈黙である」と訴えた。〝キリスト教ルーツへの無関心〟は欧州の寛大な移民政策に明らかだ、と彼は指摘した。「欧州のインテリ政治指導者の一団は欧州に混合社会を創り出したいと考えているようだが、それはほんの二、三世代で我々の大陸文化と民族構成――ひいてはキリスト教への帰属意識――を、大きく変容させることになるだろう」

オルバンの演説にはファシスト政治が利用する被害者意識の要素が全部詰まっている。オルバンは移民についての理不尽な恐怖を煽り立てて、欧州キリスト教の守護者というハンガリーの神話的過去を振りかざし、自分のことを、移民の波を招き入れて「世界で最も迫害された宗教」が内側からむしばまれる状況を許しているリベラルエリートたち（欧州のインテリ政治指導者たち）のせいで危機に陥った「キリスト教欧州」を守る〝勇敢な戦う指導者〟と称する。他国の悲惨な戦争を逃れてきた難民が、彼の目には、「キリスト教の欧州」という壁の内側に〝第五列〟を打ち立てようとする侵略勢力と映っている。オルバンは聴衆に、（キリスト教の心の故郷をないがしろにする）〝人権〟はじめ「時代遅れの概念」とは手を切るよう要求する。自分が「キリスト教の欧州」の神話的守護者として野蛮な無法者の群れと戦い、ハンガリーを輝かしい過去へ帰還させるあいだ、自分を支援せよと、「迫害の被害者」である聴衆に訴えるのだ。

7

法と秩序

LAW AND ORDER

一九八九年、のちにメディアから〝セントラルパーク・ファイブ〟と呼ばれる一〇代の黒人少年五人が、ニューヨーク市のセントラルパークでジョギング中の白人女性を集団レイプしたとして逮捕された。当時の新聞は〝通り魔的な〟一〇代の無法な黒人たちが白人女性に乱暴をはたらき強姦したとの衝撃的な記事で埋め尽くされた。このときドナルド・トランプはニューヨーク市の新聞数紙に全面広告を出し、少年五人を〝狂気じみたはみ出し者たち〟と表現して極刑を求めた。その後、この五人は無実であるばかりか、彼らの訴追に携わった人の多くは彼らが無実であることを知っていたことが判明した。数年後、この五人は全員が完全な潔白を証明され、ニューヨーク市と金銭的に和解した。

二〇一六年一一月、のちに司法長官となるジェフ・セッションズは当時の大統領候補ドナルド・トランプが一九八九年に〝セントラルパーク・ファイブ〟について出したコメントを、「彼が〝法と秩序〟に献身する証拠」と称賛した。これが「法と秩序」についての認識なのかと、呆れるほかない。一〇代の少年たちがじつは完全に無実だったうえに、トランプの言葉に釈明の余地はなかったからだ。自由民主主義国家における「法と秩序」の規範はそもそも、公平が原則だ。セッションズが「法と秩序」という言葉を使ったのは、まるで、若い黒人男性は存在そのものが「法と秩序」違反であるとする法体系に言及しているかのようだ。

「健全な民主国家」はすべての国民を平等・公正に扱う法律によって統治され、治安の維持をあずかる人々を含めた国民「相互の尊重」という絆によって支えられている。ファシズムの「法と秩序」が市民をふたつの階級に分けるためにあるのは明らかだ。つまり、生まれつき法に守られている「神に選ばれた国民」と、最初から法に守られていない「非合法の国民」に。ファシスト政治では、「女性の伝統的な役割」を果たさない女性や、非白人、同性愛者、移民、〝退廃的な世界市民《コスモポリタン》〟、支配的宗教に属さない人々は、その存在自体が「法と秩序」に反していることになる。黒人を「法と秩序」を脅かす存在と形容することで、米国の扇動政治家たちは「非白人の〝脅威〟から守る必要がある白人国家」という強い帰属意識を創り出すことに成功してきた。いま、世界各地で同じような戦術を用いて、「不安に基づく敵味方の区別」が創り出されている——国民みんなを移民の受け入れに反対させるために。

国家社会主義［ナチズム］の歴史は、ファシスト政治によって国民の帰属意識がどのように形成されるかを教えてくれる格好の教科書だ。始まりは一八八〇年代、オーストリアとドイツで発達した民族主義が国家社会主義運動の源流となった。このフェルキッシュ［人種主義］運動は、ドイツ国民《フォルク》の民族的純粋性を理想化して語られた概念に根差している。反ユダヤ主義はドイツ国民《フォルク》の定義の一部と考えられるフェルキッシュの内側で機能し、国民《フォルク》は、敵、つまりユダヤ人との対照によって定義された。国家社会主義者は少数派集団に関する不安の種を蒔くための、最も一般的な方法も使った——少数派を「法と秩序」を脅かす存在に仕立て上げる手法だ。

一九三六年の春、私の祖母イルゼ・スタンリーがベルリンを離れて冬のほとんどを劇場ツアーに費やしたあと、街へ戻ってくると、〝友達がどんどん行方知れずになっていた〟。戻ってきてすぐ、祖母の家を彼女の従姉妹が訪ねてきた。夫がゲシュタポに捕まり、強制収容所へ連行されたという。祖母は一九五七年の回想録『忘れられた人々』で、従姉妹の夫が逮捕された理由を尋ねたくだりを書いている。以下が、その答えだ。

> 彼には前科があったからよ。裁判所で罰金を払ったことが二度あったの。一度はスピード違反で、もう一度は別の交通違反。裁判所が長年果たさずにきたことをようやく実行できる、と警察は言ったの。前科持ちのユダヤ人を一網打尽にするそうよ。交

通違反の罰金——それが前科の記録だって言うの！

祖母の著書の前半部分には、ヒトラーが権力の座に就いたあとの数年間が丹念に描写されている。そこで彼女は、ドイツのユダヤ人社会に彼らが直面している危険を理解させるのがどんなに難しかったか、その詳細を記録している。祖母はナチスの社会福祉員を装いながら、ザクセンハウゼンの強制収容所から囚人たちを救出する仕事に携わった結果、塀の内側からこの危険を理解した。収容所でいろいろなことを目撃したおかげで、このころにはもう起こり始めていたのに仲間のユダヤ人の多くが知らなかった「恐ろしい状況」の全貌を知ることができた。現在の米国の難民・移民収容所と同じく、それは一般住民から隠されていた。ドイツを離れるよう友人や親類・家族を説得するのにどれほど苦労したか、そのときの状況を彼女は繰り返し綴っている。そもそもドイツにいるユダヤ人の大半は、自分自身を犯罪者とは思っていなかった。

二〇一六年二月、スイスの極右政党ＳＶＰ（スイス国民党）はスイス生まれの二世、三世を含めて、駐車違犯のような軽犯罪で何度か有罪になったことのある〝移民〟を国外追放すべきかどうかを国民投票で問うた。この投票が通過するのは確実と思われた。投票の目論見が頓挫したのは、スイスの学生が設立した政治団体〈オペレーション・リベロ〉が、「〝移民犯罪者〟を国外退去」といった議論の話法を変えるよう尽力したことがひとつの要因だった。

米国ではドナルド・トランプが〝外国人犯罪者《クリミナル・エイリアン》〟を追放せよと呼びかけて大統領の座に就いた。就任以来、彼は移民を標的にし続けた。トランプ自身もその政権も、移民と犯罪をたびたび結びつけて移民に対する不安をかき立てた。私たちは〝外国人犯罪者〟という実体のない幽霊を繰り返し提示されている——言葉が口にされるだけでなく、〝外国人犯罪者による被害者の救済〟に注力する国土安全保障省の「オフィス新設発表」といった公式文書にもその表現が使われる。

〝犯罪者《クリミナル》〟という言葉には、もちろん文字どおりの〝罪を犯した人間〟という意味もあるが、別の意味合いも人の頭に浮かばせる。生まれつき社会規範に無神経で、私利私欲や悪意に駆られて法律違反を犯しやすい人間、という意味だ。うっかり法律に違反したのかもしれない人や、やむにやまれぬ状況で法を犯したのかもしれない人にこの言葉を使うのは一般的でない。バスに乗り遅れないために走った人を陸上選手と呼ばないようなものだ。うっかり法律に違反してしまった人を、その一点を以て犯罪者とは呼ばない。〝犯罪者〟という言葉は、使われた人にある種の人格を貼りつけてしまう。

心理学者たちは〝言語的集団間バイアス〟と呼ばれる行為を研究してきた。〝我々〟の一員と思っている人の行動を形容するときと〝やつら〟の一人と思っている人の行動を形容するときでは、大きな差が出る傾向があるという。

〝我々〟の一員と思っている人が悪事——例えばチョコバーの窃盗——をはたらいたときは、形容が具体的になる傾向がある。つまり、友人のダニエルがチョコバーを盗んだときは、ただ〝チョコバーを盗った〟と表現する。いっぽう、〝やつら〟の一人が同じことをしたときには、よからぬ人格を貼りつけて、その人の行動をより抽象的に表現する傾向があるという。〝やつら〟の一人であるジェロームがチョコバーを盗んだときのほうが、「泥棒」とか「犯罪者」と表現される可能性がずっと高い。身なりのいい白人がパトカーの後部座席で手錠をかけられているのを白人が見たとき、頭に浮かぶ疑問は、「どんな事情があって逮捕されたのだろう?」かもしれない。黒人がパトカーの後部座席で手錠をかけられているのを白人が見たとき頭に浮かぶ疑問は、「警察はどうやって〝あの犯罪者〟を捕まえたのだろう?」かもしれない。

善行のときは逆になる。〝我々〟の一人が善行をほどこしたときは、「好ましい人格」を貼りつけてどんなことがあったかを説明する傾向がある。ダニエルが子どもにチョコバーをあげたことは〝彼の気前の良さ〟の一例と表現される。ジェロームが子どもにチョコバーをあげたことは具体的な言葉で表現される。〝彼はあの子にチョコバーをあげた〟と。

人の行動がどう表現されるか——抽象的にか、具体的にか——を見れば、その人が〝我々〟と〝やつら〟のどちらに分類されているか推測できることを、言語的集団間バイアスの研究は示してきた。例えば、実験の参加者に、ある人が別の人の行為をどう表現したかでその人が相手と同じ政党や宗教を支持しているかどうかを推測してもらう。[*1] 相手に"犯罪者"という表現が用いられた場合は、「恒久的な恐ろしい人格」を貼りつけると同時に、その人を"我々"の領域外に置く。やつらは犯罪者。我々は間違っただけ。

そのカテゴリーに属する人々をすべて"犯罪者"と形容する政治家は、たいていの人がぞっとするような「恒久的人格」を"やつら"に貼りつけると同時に、みずからを"我々"の守護者と位置づける。こういう語法は「合理的な意思決定」という民主的なプロセスを弱体化させ、それを「恐怖」に置き換える。米国の状況についてもうひとつ際立った例を挙げれば、それは、「政治的抗議行動」を言い表すときに"暴動"という言葉が使われることだ。一九六〇年代米国の市民権運動に、「都市部での警察による残虐行為」を糾弾する「黒人の政治的抗議行動」があった（最も有名なのは、ロサンゼルスの旧ワッツ市とマンハッタンのハーレム地区）。これらの抗議行動をメディアはたびたび"暴動"と表現した。当時のメディアがこうした抗議行動にどんな表現を使ったか、黒人作家のジェイムズ・ボールドウィンが書いている。"抑圧に抵抗して蜂起した白人は英雄とされる。黒人が蜂起したときは、生まれ持った残虐性に回帰したと言われる。ワルシャワの貧民街で起こった反乱は"暴動"とは表現されず、参加者がチンピラ呼ばわりされることもなかったのにだ。ワッツ市とハーレム地区の少年少女はこういう状況を嫌というほどわかっている[*2]"。一九六八年にリチャード・ニクソンが「法と秩序」の回復を政治要綱に掲げて大統領に立候補できたのは、こういう虚偽的表現のおかげだった。その後に起こる黒人市民大量投獄の下地を作ったのはニクソン政権、というのが一般的な受け止められ方だ。

二〇一五年、ボルティモアでフレディ・グレイという二五歳の黒人青年が警察に逮捕されて連行中に死亡すると、同地の広域で黒人主体の抗議行動が発生した。ニコラス・サブティレイルは二〇一五年四月、ボルティモアの抗議行動に報道機関が〝抗議行動〟と〝暴動〟という異なる表現を使っていることに注目し、〈リングイスティック・パルス〉と題するブログでその数を比較した。すると、極右報道機関のFOXニュースがこの騒動について〝抗議行動〟の二倍以上〝暴動〟を使っていることがわかった。対照的にCNN［リベラルな報道姿勢］は〝暴動〟を〝抗議行動〟よりほんの少しだけ多く使い、MSNBC［リベラル］では〝抗議行動〟のほうが〝暴動〟よりわずかながら多かった。[*3]「政治的抗議行動」を偽って「暴動」と表現するのはドナルド・トランプの大統領選キャンペーンに顕著な特徴で、彼のキャンペーンにはニクソンのそれと強く響き合うところがあった。しかし、ニクソンの選挙戦は暴力的犯罪が増えていた時期のことだ。トランプが「法と秩序」の回復を掲げてキャンペーンに成功したのは、米国史上暴力的犯罪が最も少ないときだった。

議論の中で快楽殺人犯と交通違反者の両方に〝犯罪者《クリミナル》〟のような表現が使われ、「政治的抗議行動」に「暴動」という表現が使われるとき、その議論は人の姿勢を変え、政策方針を定める。ひとつの集団全体を犯罪者扱いする言語姿勢が討論をゆがめ、理不尽な結果をもたらすときには、どんな結果が生じるか。アフリカ系市民の大量投獄がその好例だ。

一九八〇年には、刑務所に収監されている米国人は五〇万人だった。二〇一三年には、その数が二三〇万人になった。投獄の爆発的増加は、しかし、この国で奴隷にされた人々の子孫に大きく偏っている。米国の人口に白人が占める割合は七七パーセントで、黒人は一三パーセント。なのに、黒人のほうがたくさん収監されている。歴史上でも、世界の収監者数にひとつの集団がこれほど大きな割合を占める時代はめずらしい。米国の総人口に黒人が占める割合は一三パーセントでしかないのに、彼らは世界の収監者数の九パーセントを占めている。

米国の黒人数は三八〇〇万人。この国の司法制度が公正で、黒人の犯罪率が世界の平均的な民族集団と同じくらいなら（例えばイタリア人は六一〇〇万人で、グジャラート人は四五〇〇万人いる）、二〇一三年の推定世界人口は七一億三五〇〇万で黒人の投獄率は九パーセントだから、米国の黒人は全世界で六億人超いなくてはおかしい計算になる。米国の黒人もほかの民族と似たようなものと考えれば、彼らは現在の米国の二倍、地球で三番目に大きな民族であるはずだ。もちろん、こうした事実を前にしても、「米国の監獄法は公平に適用されていて、皮膚の色で人種差別をしていない」と考えることはまだ可能かもしれない。ただしその場合、米国の黒人は何千年にも及ぶ人類の文明史上まれに見る危険な集団と考えるしかない。

米国での「投獄率の急上昇」は「犯罪数の急低下」と同時に起こっている。経済学者のデイビッド・ルードマンは「投獄が犯罪に与える影響」という二〇一七年の論文で、〝一九九〇年から二〇一〇年の二〇年間で人口当たりの投獄数は五九パーセント増え、FBIが追跡する「重大犯罪」の数は四二パーセント減った〟と指摘している。[*4] それでも、ルードマンが的確に書き記しているように、〝鉄格子の奥に人をたくさん押し込めても、犯罪数は（よく言って）控えめな減少しか見ない〟ことは、数多くの研究者たちが同意するところだ。ひとつには、カナダが米国とよく似たパターンを経験していて、一九九〇年代から同国の犯罪率は急低下した。しかし、九〇年代に米国で大量投獄の実験が続いたのに対し、カナダは投獄率を上げていない。九〇年以来、米国とカナダが同じような犯罪率の低下を見たことに理由があるとすれば、その理由は「投獄数の増加」ではないことになる。

「投獄数の増加」と「犯罪率の低下」の相関関係に多くの研究者は懐疑的で、おもな理由は、投獄それ自体が犯罪率の増加を大きく押し上げていることが複数の研究で示されているからだ。投獄された人は出所後に仕事が見つかりにくくなる。最後の章でも考察するが、黒人にはこの影響が波及していく。投獄されていた人は「市民活動への参加率」も大幅に低下する。「市民社会から身を遠ざける」と言っても過言ではない。[*5] 投獄された人の家族にも悪影響をもたらし、その人たちが投獄される可能性が大きくなる。同じ犯罪でも、黒人は白人より高い投獄のリスクに直面する。例えばそれは、麻薬犯罪での投獄率が白人と黒人で大きく異なることからも明らかだ。投獄それ自体が犯罪につながることも、複数の研究が示唆している――〝刑務所に長くいるほど出所後の再犯率は高くなる〟と、ルードマンはその影響を総括している。

しかし、それ以上に大事な問題は、なぜ「容赦ない懲罰的手法」が黒人の社会的悪条件に対する適切な対応と考えられているのかだ。ひとつの共同体の犯罪率がとりわけ高いとき、共感と理解が必要な社会問題が存在していて、その根底に巣食う「構造的原因」に取り組む政策が必要なのは明らかだ。ここで、さらに重要な問いがある。この集団に対する共感の欠如が広がっている原因はどこにあるのか？

いったん立ち止まって、国内メディアで最近の〝オピオイド系鎮痛剤〔アヘンなどケシの実から生成される麻薬性物質〕中毒危機〟が報道されるとき「そこに寄せられる共感」を考えてみてほしい。オピオイド中毒危機は悪辣《あくらつ》な〝アヘン密売団〟が暗躍している問題ではないとされる。中毒者が犯罪者と定義されているわけでもない。それどころか、メディアや政治家、社会的論評、医学界は――あのトランプ大統領さえも――中毒問題を危機的状況ととらえてはいるが、これは公衆衛生における流行病であって、「法と秩序」に直結した問題とはとらえていない。オピオイド中毒危機はアフリカ系市民とは関係なく、むしろトランプの支持基盤である地方の白人と行き場を失った白人工場労働者との関わりが深い。つまり、いま米国の「公の言説」では、オピオイド中毒については当事者に寄り添った詳細な研究が行われていて、連邦と州の取り組みは予防と治療が中心になっている。麻薬中毒はアフリカ系市民と結びつくものと考えられた時代にも、このような分析が適用されていたらと思わずにいられない。人種、階級、集団を問わず、市民の中毒問題は思いやりと共感、そして、「人間の尊厳と平等を共有する」自由主義的な価値観で取り組まれるべきなのだ。

統計学者のフレデリック・L・ホフマンは一八九六年に、『アメリカン・ニグロの人種的特徴と傾向』〔未邦訳〕を著したが、歴史学者のカリル・ジブラーン・ムハンマドはこれを、〝おそらくは二〇世紀前半に最も強い影響を与えた人種・犯罪研究〟と評している。米国の黒人はほかに類を見ないくらい「乱暴で、怠け者で、病気にかかりやすい」というのがホフマンの主張だった。一九九六年にはウィリアム・J・ベネット〔哲学者〕、ジョン・J・ディルーリオ・ジュニア〔政治学者〕、ジョン・P・ウォルターズ〔薬物管理政策研究者〕の共著『ボディ・カウント　道徳の貧困――米国の犯罪・麻薬戦争に勝利する方法』〔未邦訳〕が出版された。米国は新しい若者世代がもたらす無類の脅威に直面する、と同書は警鐘を鳴らした。その世代の多くは黒人で、彼らは特に残忍な暴力行為に及びやすく、まじめに働くことができない、と著者たちは述べた。彼らはこの若者たちを〝超略奪者《スーパー・プレデター》〟

と呼び、この〝スーパープレデター〟による「若者の暴力の波」が到来すると予言した（もちろん、そんな波は来なかったし、その後の数年で暴力犯罪は激増するどころか激減した）。この二作は奴隷にされたアフリカ人を祖先に持つ人々と犯罪の結びつきを捏造した似非《えせ》科学の一世紀を象徴するブックエンドのようだ。出版の時期に一世紀の隔たりがあるにもかかわらず、この二冊は驚くほど似通っている。どちらも統計学のいかめしい用語を使い、特定の人種から暴力の波が到来するという警告で道徳的恐慌をもたらした（ホフマンの著書と異なり『ボディ・カウント』は「遺伝子学」でなく「都心文化の道徳的貧困」を誤った予言の根拠にしている）。

要するに、彼らは、〝特定の人種［黒人］に犯罪イメージを刷り込む〟似非科学の試みに挑んできたわけだ。一八九八年の小論［ニグロ問題の研究］で、W・E・B・デュボイスはこのように嘆いている。

> 権力者と学識者から、米国の黒人についての「最終判断」が次から次へと発せられている。八〇〇万人の黒人の現状と傾向について、科学者には「明確な最終結論」を下すための〝信頼すべき文献〟が存在せず、そんな結論を下したと主張する人や刊行物が〝合理的に証明された証拠〟を無視した声明を発しているに過ぎないことは、優秀な学究の徒なら誰もが知っているというのに。[*6]

ここでデュボイスは、社会科学者の解釈と「真実」に大きなギャップがあること、スコットランドの哲学者アラスデア・マッキンタイアが言う「〝高度な操作技術〟の影響を受けた」ギャップが存在することを強調している。デュボイスの言葉は今日にも通用する。「高度な操作技術」で特に重要な事例は、『ボディ・カウント』の共著者であり当時プリンストン大学の政治学教授だったジョン・ディルーリオ・ジュニアが未成年の犯罪者に成年と同じ実刑判決を適用することを提唱した、〝スーパープレデター説〟だろう。恐ろしくも赤裸々な内容だった。この仮説は〝容赦なく人を殺し、強姦し、重傷を負わせ、盗みをはたらく〟生まれつき粗暴で矯正不可能な〝スーパープレデター〟集団の存在が前提になっている。ディルーリオは『ボディ・カウント』その他の出版物で、一九九五年から二〇〇〇年にかけて米国社会に〝スーパープレデター〟が押し寄せる（原因不明の）展開で「暴力的犯罪が激増する」と予言した。ディルーリオは自信満々に語っているが、その自信を下支えする正当な証拠は見当たらない。この背景には特定の人種と犯罪を結びつけるイデオロギーがあり、それが「手元にある証拠」と「社会学者の解釈」に大きなギャップが横たわる理由なのではないかと、疑いの目を向けたくなるのは当然のことだろう。

この仮説は「公の言説」に大きな影響を及ぼした。一九九六年の大統領選でビル・クリントンとボブ・ドールの両候補は、この〝スーパープレデター〟にどちらが厳しいかを競った。影響の定量化は難しいにせよ、「未成年を成年として告発する」という合憲性が疑わしい過激な政策の導入が検討される状況に、この仮説が大きく貢献したのは明らかだ。こうした法律が人種に不平等に適用された点には、文書による確かな裏づけがある。例えば、司法制度について提言する非営利組織〈センテンシング・プロジェクト〉が二〇一二年に出した調査報告では、未成年時に犯した罪で「仮釈放なしの終身刑」に服している一五七九人中、九四〇人が黒人だった。スーパープレデター説は未成年の黒人が未成年の白人に比べて著しく罪を犯しやすいと考えてしまうような公共文化に加担してきたのだ。

扇動的な語法は「公の言説」に悪影響を及ぼすだけではない。それが国民の判断と認知に影響を及ぼす点には、文書に裏づけられた確固たる証拠がある。「犯罪者《クリミナル》」は、人格不完全で生まれつき矯正のしようがない人間を指す。ジェニファー・エバーハートはその社会心理学研究で、「黒人」を「矯正不能な犯罪性」と結びつける「人種差別的宣伝活動の一五〇年」がもたらした影響を記録している。彼とアニータ・ラトラン〔弁護士〕、シンシア・レバイン〔社会学者〕、キャロル・ドウェック〔心理学者〕の共著者三人は二〇一二年の論文で、最高裁の事例についての事実情報を白人被験者たちに提供した。[*7] その情報に基づき、未成年の犯罪者を仮釈放なしの終身刑に処することの合憲性を判断してもらった。被験者に与えられた資料の一例に、〝一七の犯罪歴があり、年上女性をむごたらしく強姦した一四歳男性〟という未成年者に関する記述があった。この未成年者には〝黒人男性〟か

〝白人男性〟という説明も付けられた。被験者はこの情報を与えられたあと、「深刻な暴力的犯罪（死者はなし）で有罪になった未成年者に仮釈放なしの終身刑が宣告されることを、あなたはどのくらい支持しますか？」と問われ、〝大賛成〟から〝大反対〟までの六段階で回答を求められた。〝一四歳男性〟が黒人とされる情報を見せられた人たちは高い確率で、未成年者に対する「仮釈放なしの終身刑宣告」を支持した。

エバーハートと共著者のレベッカ・ヒーティ［社会心理学者］は二〇一四年の論文「投獄の人種格差と懲罰的政策受け入れの増大」で、実験担当の白人女性に依頼し、カリフォルニア州の白人有権者に同州の厳格な〝三振即アウト法〟と、それを修正する請願書の両方を提示してもらった。[*8] 一九九四年に通過したカリフォルニア州法によれば、重罪を犯したことが二度ある人は、どのくらい前の犯罪かに関係なく、それが〝駐車中の車から小銭で一ドル〟盗んだ程度の軽犯罪であったとしても〝三球目のストライク〟を宣告され、二五年から終身刑までの「強制的な判決」を受ける。提示された請願書はこの三球目のストライクを暴力的犯罪に限るよう修正を求めていた。

実験担当者は被験者にこの請願書を見せる前に、黒人と白人両方が交じった服役囚の顔写真八〇枚と四二の動画を見せた。ある動画では四五パーセントが黒人（〝黒い顔が多い条件〟）だった。別の動画では二五パーセントが黒人（〝黒い顔が少ない条件〟）だった。後者を見せられた被験者の五一パーセントは請願書に署名した。前者を見せられた被験者は二七パーセントしか請願書に署名しなかった。エバーハートの研究は、アフリカ系米国人の大量投獄は黒人を「矯正不能な犯罪性を備えている人々」と見なした奴隷制時代にさかのぼる「人種差別的宣伝」に根差していることを示す、大規模調査の最新版に過ぎない。大量投獄の結果、米国の刑務所では黒人が（歴史的規模の）圧倒的多数を占めることになった。

もちろんファシズムのプロパガンダは、標的にした集団の構成員を「犯罪者」と形容するだけにとどまらない。この集団をめぐってしかるべき道徳的な恐慌《モラル・パニック》がかならず起こるよう、この集団の人たちはファシズム国家にとって「特別な脅威」とされる。その結果、ファシスト政治は特定の犯罪を際立たせる。基本的に、恐怖をかき立てるためにファシズムのプロパガンダが用いる「脅威」は、標的にした集団が「神に選ばれた民族」を強姦してその〝血〟を汚染する、というものだ。大規模強姦の脅威は同時に、ファシズム国家の家父長的規範に対する脅威としても使われる。強姦罪がファシスト政治の根底を成すのは、それが性的不安を引き起こし、そこにファシズム国家の権力によって「国の男らしさ」を守る必要が出てくるからだ。

8

性的不安

SEXUAL ANXIETY

扇動政治家が国家の父だとすれば、「家父長的な男性」と「伝統的な家族」を脅かすものはどれも、ファシズムの〝男性像〟を根底から揺るがすものだ。強姦や襲撃といった犯罪だけでなく、いわゆる〝性的逸脱〟もそんな脅威のひとつになる。一家の稼ぎ手（大黒柱）といった「伝統的な男性の役割」が経済原理によってすでに脅威にさらされているときは、性的不安を煽る政策がとりわけ効果的だ。

ファシズムのプロパガンダは異種交配や人種混合への不安と、〝アメリカ・ファースト〟を提唱したチャールズ・リンドバーグが言う〝劣性の血〟が純粋な民族（国家）を腐敗させることへの不安を煽る。〝他者〟の及ぼす「脅威」に性的な特徴を加味して不安を増大させるのが、ファシズムのプロパガンダの特色だ。ファシスト政治の根底には伝統的な家父長制家族があるため、そこからの逸脱は往々にしてパニックをもたらす。「伝統的な男性の役割」を脅かすものへの不安を高め、パニックを起こさせるために、トランスジェンダーや同性愛者が利用される。

歴史学者のキース・ネルソンは一九七〇年の論文「ラインの黒い恐怖――第一次世界大戦後の外交関係の一要素としての人種」で、一九一九年からドイツ西部ライン川沿岸のラインラント地方を占拠したフランス軍のアフリカ人兵士たちがドイツを悩ませた集団ヒステリーについて記述している。[*1] ドイツ人女性がアフリカの植民地から来たフランス軍兵士に大規模な強姦を受けたというドイツの宣伝が可能なかぎり広められ、エスペラント語を含む欧州のほとんどの言語に翻訳され報じられた。ドイツ政府は「黒人男性による白人女性の大規模強姦」という人種差別的な妄想を広めた。この宣伝は〝人種問題に敏感な〟米国でとりわけ成果をあげた。〈ライン川の恐怖と戦う米国の運動〉を名乗る集団が〝裕福なドイツ系およびアイルランド系米国人の献金〟で一万枚のパンフレットを刷り、一九二一年二月二八日の〝ライン川の恐怖と戦う集会〟には、ニューヨーク市の〈マディソン・スクエア・ガーデン〉に一万二〇〇〇人が集まった。ネルソンは以下のように述べている。

同じように、若き日のドイツ民族主義者アドルフ・ヒトラーは、〝七〇〇万（人）が外国の支配下でみじめな暮らしを送り、ドイツ人の大動脈がアフリカの黒人が群れる活動領域を通り抜けていく……。かつてライン川へ黒人を連れてきたのはユダヤ人だったし、いまもそれは変わらない。彼らは憎むべき白色人種を滅ぼそうという秘めた企みと明白な目標を常に携えている〟という思い込みが頭から離れなかった。

ヒトラーによれば、黒人兵士に純血のアーリア人女性を強姦させて白色人種を滅ぼそうとする企みの背後にはユダヤ人がいた。一九二〇年代に米国のクー・クラックス・クラン（KKK）もこの陰謀説を共有していた。米国の白色人種を弱体化させるため黒人男性に白人女性を大規模強姦させる構想を悪辣なユダヤ人が企てている、という空想を彼らはむきだしにした。

政治活動家のアンジェラ・デイビスは、〝「虚偽の強姦容疑」は人種差別がでっち上げた稀に見る凶悪な策略であるとして、米国史上でも突出している〟と書いている。〝黒人共同体を敵視した暴力と恐怖の波が繰り返し起こり、それに対し納得のゆく説明が必要になると、かならず「黒人は強姦魔」という神話が巧みにでっち上げられた〟[*2]。米国で黒人を私刑《リンチ》にかける習慣は、「白人女性の純潔を守る必要」を主張することで正当化され、歴史学者のクリスタル・フェイムスターは、〝南部の白人男性は自分たちの政治的優位を保つために〝黒人は強姦魔〟というイメージを積極的に動員した〟[*3]と述べている。サウスカロライナ州出身の上院議員ベンジャミン・ティルマンは上院の議場で、「貧しいアフリカ系が悪魔と化し、野獣が貪り食う獲物を探し求めて、私たちの刑務所と獄房にあふれ、抵抗する力を持たない白人女性を殺害したり残忍な行為に及んだりするためにあたりを窺っている」と発言した。黒人男性にまつわる「性的不安」と「扇動活動《デマゴギー》」で黒人男性が何十年も大規模リンチで殺される状況を生んだ張本人は、白人男性だけではない。レベッカ・ラティマー・フェルトンは作家、教師、改革運動家としての長いキャリアを経て、一九二二年、米国初の女性上院議員になった。（白人）女性の権利擁護者として名を馳せていた彼女は政治家になると人種差別の火に油をそそぎ、一八九七年の演説で黒人を強姦魔と決めつけて、その危険について、「女性のかけがえのない宝を飲んだくれの飢えた獣のごとき輩《やから》から守るためにリンチが必要ならば、私は断言する。週に一〇〇〇回のリンチを、と」と明言した。

反リンチ運動家として知られるアイダ・B・ウェルズは、「南部の恐怖――私刑法、あらゆる局面に」（一八九二年）と「赤い記録――一八九二年、九三年、九四年の米国におけるリンチ殺人の統計一覧と申立原因」（一八九四年）の二論文で、このような視点に対抗を試みた。多くの歴史学者が記録しているが、リンチ犠牲者の大半は強姦罪で告発されてさえいなかったというウェルズの調査結果は、あちこちで疑いの目を向けられた。[*4] 黒人男性による白人女性の大規模強姦が蔓延していると、国じゅうの白人が思い込み、それによってリンチのような恐ろしい行為を正当化したのは、それ（黒人による大規模強姦）が事実であれば、「黒人を同等の存在として受け入れること」にともなう「地位喪失の可能性」に彼らが感じていた恐怖や不安が「合理的な判断」になるからだ。性的不安が過剰に思え、被害妄想的で具体性に欠けると思われる事例の裏には、もっと具体的な不安が潜んでいる。

一九世紀と二〇世紀の米国が体験したこの恐怖は世界各地で繰り返されてきた。二〇一七年の秋、第二次世界大戦以来最悪とも言える民族浄化運動の嵐がミャンマーに吹き荒れた。標的になったのは、同国の大多数が信じる仏教とは信仰の異なるイスラム教徒ロヒンギャだった。ロヒンギャの村落が何百と丸焼きにされ、大殺戮とむごたらしい大規模強姦が行われた結果、五〇万人超のロヒンギャが隣国バングラデシュへ逃げ込むことになった。ロヒンギャに対するこの言語に絶するむごたらしい民族浄化作戦は、仏教徒の若い女性がロヒンギャ男性数名に強姦され殺害されたとして二〇一二年六月に始まった騒動を端緒とする。二〇一四年、仏教徒の女性がまた強姦されたという噂がソーシャルメディアに流れ、さらなる暴力を引き起こした。概してロヒンギャの大虐殺は、イスラム教徒が仏教徒の女性を性的な餌食にする計画を立てているという被害妄想的な仮説を燃料に起こったものだ。この状況を報告した二〇一四年のロサンゼルス・デイリーニューズ紙の記事は、〈ミャンマーで〝イスラム教徒は性の捕食者〟とのデマが仏教徒自警団の暴動に火をつける〉と報じている。この記事はミャンマーの専門家にインタビューを重ね、〝イスラム教徒の男性が我々の女性を略奪しようとしている〟という仏教過激派の何十年にもわたる宣伝活動《プロパガンダ》が背景にあったとしている。

インドではヒンドゥー至上主義者が、「イスラム教徒の男たちがヒンドゥー教徒の男らしさに脅威を及ぼす」と注意を呼びかけ、イスラム教徒への反感を繰り返し煽ってきた。つい最近、これが〝愛の聖戦《ジハード》〟と呼ばれる恐慌《パニック》を引き起こした。インドの歴史学者チャル・グプタは二〇一四年八月のインディアン・エクスプレス紙で、ヒンドゥー至上主義与党ＢＪＰ（インド人民党）のＲＳＳら各派で組織された〝愛の聖戦〟への反対運動に連なる〝自覚集会〟など、〝攻撃的で組織的なキャンペーン〟に注意をうながした。ＢＪＰによれば、この〝愛の聖戦〟でヒンドゥー教の女性が結婚と詐欺的手口を通じて強制的にイスラム教徒へ改宗させられた。[*5] これらのキャンペーンはイスラム教男性の攻撃的本能と性的本能の激しさに繰り返し言及し、共通の〝敵〟を創り出すことで維持される「分断方針」に基づくもの、とグプタは付言した。彼女はさらに、行為の〝違法性〟と〝文化的純潔と無辜神話〟を組み合わせた政治的企みによって、ヒンドゥー教徒が〝論理的思考力を〟失ったために暴行や侵略、誘惑、強姦が引き起こされた、とも非難している。

これを書いている時点で、米国でも、移民集団と強姦を結びつけるプロパガンダの集中砲火にさらされた結果、〝論理的思考力〟が失われる事態が発生した。周知のとおり、ドナルド・トランプは米国へ来るメキシコ人移民を「強姦魔」と非難することから選挙運動を開始したが、二〇一七年九月二六日付のニューヨーク・タイムズ紙でケイトリン・ディッカーソン記者は、アイダホ州のツインフォールズという小さな町で起こった事件について書いている。難民の少年三人――七歳と一〇歳と一四歳――が、五歳の米国人少女に性的暴行をはたらいたとして告発された。その直後、この事件に関するフェイスブック・グループが作られ、〝女の子はナイフを突きつけられて輪姦された。容疑者はシリア難民の複数の少年で、彼らの父親たちは事件後に息子たちとハイタッチを交わした〟と主張する複数の記事へのリンクが貼りつけられた。それからまもなく、インターネットで最大級の閲覧数を誇る〈ドラッジ・レポート〉というニュース集約サイトに〈報告――アイダホ州でシリア「難民たち」が少女にナイフを突きつけて強姦〉との大見出しが躍った。記事はすべて誤りだった――ディッカーソンが報告しているように、そもそもツインフォールズにシリア難民は一人も定住していなかった。誰かが襲われたかどうかさえ定かでなかった（ある警察官は携帯電話で撮られた映像に基づき、インターネットの記述を〝一〇〇パーセント誤りで正確な情報には程遠い〟と語った）。にもかかわらず、このフェイクニュースでツインフォールズの役人たちは次から次へと威圧的な嫌がらせを受け、町内にも難民に対する憤激の嵐が発生した。つまり、「米国の白人少女に難民がもたらす性的な危険性」を煽ることで道徳的な恐慌《パニック》が創り出されたわけだ。そのパニックはいまだ収まっていない。

トランプの選挙キャンペーンを飾り立て、いまなお彼の政権を飾り立てている「移民がらみの誇張」は、欧州で中東移民が白人女性を強姦しているというフェイクニュースを（事実を大きく曲げて）まき散らしたロシアのプロパガンダ放送局の手口に似たところがある。ひとつだけ例を挙げてみよう。ジャーナリストのジム・ルーテンバーグがニューヨーク・タイムズに書いた二〇一七年の記事によれば、ロシアの複数のプロパガンダ放送局が二〇一六年に、ベルリンで一三歳の少女が中東移民に強姦されたとする嘘のスキャンダルを創り出してドイツ系ロシア人の共同体に憤激をかき立てようとした結果、七〇〇人が集まって「起こってもいない出来事」に抗議する事態となった。ロシアのメディア報道と虚偽の記事が憤激に火をつけたのだ。一九二〇年代にドイツが政治宣伝攻勢をかけた〝ライン川の黒い恐怖〟とこの事件が不気味に似通っていることに気がつけば、この手のフェイクニュースを「現代のソーシャルメディア革命がもたらした現象」とだけ受け止めてはいられないこともわかるだろう。

家父長的な男らしさ（男性支配構造）は、「一人で家族を守り生計を支える役割」を社会から許される、という期待を男たちにいだかせる。極度の経済不安の時代で、それでなくても男女平等の増大による地位の喪失に不安を余儀なくされている男たちを、性的少数者対象の民衆扇動でパニックに陥らせるのは簡単なことだ。ここでファシスト政治は、「心配の種」に意図的なゆがみを加える（ファシスト政治家には「経済的困難の根本原因」に取り組む気はさらさらない）。ファシスト政治は経済不安で高まった男性の不安にゆがみを加え、「既成の家族構造と伝統」を拒絶する者たちによって存在価値にかかわる脅威にさらされるのではないかという恐怖に彼らを突き落とす。ここでまたしても、ファシスト政治は「性的暴力を受ける潜在的脅威」を活用する。

二〇一六年三月、米ノースカロライナ州議会は下院法案《ハウス・ビル》二号、通称〝トイレ法案〟を通過させた。この法律が成立すれば、トランスジェンダーの人は生まれ持った性別以外のトイレを使えなくなる（よって、トランスジェンダーの女性は男性用トイレを使わなければならない）。〝トイレ法案〟を取り巻く議論は、（トランスジェンダーである）トランス女性が（トランスジェンダーでない）シス女性にもたらす危険が焦点となった。法案の発案者や支援者は「トランス女性は性犯罪に手を染めかねない」と主張し、法案の通過を強くうながした。ノースカロライナ州の共和党知事パット・マクローリーは、〝下院法案二号〟はノースカロライナ州の女性を守るために必要であると主張し、法案に署名した判断を正当とした。二〇一六年には十数州の議会が〝下院法案二号〟をモデルにした〝トイレ法案〟を検討した。

作家でトランスフェミニストのジュリア・セラーノは古典的著作『ホイッピング・ガール』［未邦訳］で、トランス女性は女性であることを選んだがゆえに家父長制の価値観に深刻な脅威をもたらす、と解説している。

> 男は女より優れていて男の特質は女の特質に勝るとする「男性優位のジェンダー階層」では、男性であり男性の特権を受け継ぎながら〝女性であることを選んだ〟トラ

ンス女性の存在ほど大きな脅威はない。私たち（トランス女性）が「女性であること」と「女性らしさ」を堂々と受け入れることは、ある意味、「男性であること」と「男らしさ」の優位に疑惑の影を落とす。男性中心のジェンダー階層に私たちが投げかける脅威を和らげるため、私たちの文化は（おもにメディアを通じて）伝統的な性差別主義の武器庫に存在する〝ありったけの戦術〟を引っぱり出して、私たちを否定しようとする。[*6]

二〇〇七年にセラーノの著書が世に出てから、米国の政治の中心にトランス女性に対する言葉の攻撃が入り込んできた。ファシスト政治にジェンダー階層が持つ意味を考え、政治家たちがトランス女性についての集団ヒステリーを煽ろうとしてきたのはファシズムの政治手法の表れであり、ファシスト政治が優勢になりつつあるしるしであると理解すれば、これはまったく驚くに当たらない。逆に、トランス女性が徐々に受け入れられてきているのは、自由民主主義的な規範が強く肯定されているしるしだ。

ファシズムに家父長制家族が持つ重要性を思い出してほしい。ファシズムの指導者は家父長制の父親に喩えられる。父親は伝統的家族の〝ＣＥＯ〟で、家父長制家族に父親の果たす役割は「母親と子どもを守る」ことだ。トランス女性を攻撃し、「国家の男性像」を脅かす存在であると触れ回るのは、「男性像」を政治的関心の中心に据えて「階層制と力による支配」というファシズムの理念を少しずつ公の領域へ導き入れていくための手口なのだ。

マリア・シュミットはハンガリーの極右歴史家で、首都ブダペストにある〈恐怖の館〉の館長でもある。ウィーン大学の言語学教授ヨハンナ・ラークソはブログ〈ハンガリアン・スペクトラム〉で、シュミットの二〇一七年の著書『言語と自由』〔未邦訳〕を取り上げ、シュミットの敵は〝イスラム教徒の移民と、左寄りのリベラルエリート、そしてジョージ・ソロス〟と書いた。[*7] ラークソはこの評論で、一〇〇万人近いシリア難民の受け入れを決断したドイツのアンゲラ・メルケル首相をシュミットが批判した箇所を引用している。以下がそのくだりだ。

まともな男や少年なら、自分の義務をわきまえて妻や娘や母や姉妹を守ろうとする。そんなことすらできなくなったのは、洗脳されて男らしさを失った今日のドイツ人だけだ。

家父長的な「男女別の役割分担」が縮小しているいまのドイツに大量のシリア難民を受け入れる決断を、シュミットは非難している。この説明に見られる大きな「論理の溝」を埋めるのが、男女別の役割が縮小する以前にあったとする「ファシズムの神話的過去」だ。

この過去では、男性が外国の影響から女性を〝守り〟、家父長制の伝統とされる男女別の役割を男たちがしっかり演じていたとされる。

「女性と子どもを守る男性の能力」が脅かされると強調することで、ファシスト政治家にとって難しい政治問題が解決される。自由民主主義国家では、「自由」と「平等」をあからさまに攻撃する政治家は大きな支援を受けられない。性的不安を煽る企みは、「保安」の名においてこの問題を回避する方策だ。表面上、「自由民主主義の理念を攻撃して弱体化させている」ようには見せずに目的を遂行する手立てなのだ。

扇動政治家は性的不安を煽ることによって「自由」と「平等」は脅威であると（間接的に）訴える。「性自認」や「性的嗜好」の自己表現は「自由の行使」だが、同性愛者やトランス女性を、女性と子どもに対する――ひいては、彼らを守る男性の力に対する――脅威と触れ込むことで、ファシスト政治は「自由」という自由主義の理念に疑義を差し挟もうとする。女性の「中絶の権利」も「自由」の行使だが、中絶は子どもへの――さらには、男性による子ども支配への――脅威であると喧伝することで、ファシスト政治は「自由」という自由主義の理念に疑義を差し挟む。自分の望む人と結婚する権利は「自由の行使」だが、異人種間結婚をもたらす可能性があるとして特定の宗教や人種を脅威と見なすことで、ファシスト政治は「自由」という自由主義の理念に疑義を差し挟む。

性的不安を煽る政治は「平等」もむしばもうとする。女性の平等が認められると、家族唯一の稼ぎ手という男性の役割が脅かされるからだ。妻や子が性的暴力の脅威に直面したとき夫や父親が無力だったらどうなるかという点を強調すれば、家父長的な男らしさが失われることへの不安が強まる。性的不安を煽る企みは、表面的には「自由」と「平等」を拒絶していると見せずにそれらを「根本的な脅威」と触れ込もうとする、狡猾な政治手法なのだ。性的不安を煽る政治が根強く残っているのは、自由民主主義がファシズムに浸食されつつある明確な証拠なのかもしれない。

次にファシスト政治家たちは、性的逸脱と暴力がはびこる巣窟として、世界市民《コスモポリタン》が大勢集まる都心に目を向ける。聖書の「創世記」でソドムとゴモラは神から悪徳と罪の街と見なされ滅ぼされた。どんな罪をとがめられて滅ぼされたのかについては、原文解釈に論争がある。しかし、学問上の話はさておき、この罪は性的なもの――特に同性愛――ではないかと想像されてきた。修辞学と文学において、都市は長らく「退廃と罪」の場所、特に「性的退廃と性的な罪」の場所とされてきた。ソドムとゴモラは「性的不安の源」として聖書に言及された基点であり、ファシズムが敵視する同性愛や人種混合などの「罪」が最も発生しやすい場所だ。

9

ソドムとゴモラ

SODOM AND GOMORRAH

その午後、私は元役人の別荘《ダーチャ》で、食用にウサギを育てているのに殺す度胸がない男から射撃を習った。その動物好きの男はこの地域に特徴的な文化姿勢を論じながら、こう説明した。「例えば、この町に同性愛者が現れたら、我々はそいつを殺す」

——ニコラス・ミュエルナー『イン・モスト・タイズ・アン・アイランド』

『わが闘争』の第一章には「生家にて」という章題が付いている。短い章だが、その中でヒトラーは〝ふたつのゲルマン人国家〔ドイツとオーストリア〕の境に位置する小さな町〟で、ドイツの愛国的自尊心と勤勉な働き者に満ちていると、生誕地であるイン河畔のブラウナウに敬意を表している。悲しいかな、彼は、〝貧困と厳しい現実〟によってこの小さく牧歌的な町を離れざるを得なくなり、〝服と下着を詰め込んだ小さなトランクを手に提げて、不動の意思を胸にウィーンへと向かった〟とある。

『わが闘争』の第二章「ウィーンでの修業と苦難の時代」は、オーストリア最大の最も国際的《コスモポリタン》な都市でヒトラーの体験したことが主題になっている。その一ページ目によれば、ウィーンは〝毒蛇〟であり、〝その毒牙に通暁するには〟そこで暮らしてみるしかない。ヒトラーはウィーンを〝伝統的なゲルマン文化を侮辱して吐き気がするくらい退廃的な複製《ファクシミリ》を選んだユダヤ人に支配・統御されている都市〟と表現している。ウィーンにはゲルマン国家としての誇りが欠けている、とヒトラーは非難する。何よりヒトラーは、ウィーンの「世界市民主義《コスモポリタニズム》」と「異文化」と「異人種の集団が入り交じっていること」を蔑んでいた。〝この首都に見える人種混交が不愉快だった。チェコ人、ポーランド人、ハンガリー人、ルテニア人、セルビア人、クロアチア人、何よりあの、人類の永遠のバクテリア――ユダヤ人、あのユダヤ人――が入り交じっているのがいとわしかった〟[*1]とある。ドイツの文学と文化には都市を社会病理の原因ととらえ、農村地域を浄化された場所ととらえるロマンティックな伝統があった。国家社会主義の思想はそれを極限まで適用した。ドイツの純粋な価値観は農村地域の価値観であり、農民生活の中で実現されるのだと。対照的に都市部は、スカンジナビアの純粋な血が別種の血と混じって損なわれる「人種汚染の地」だ。ヒトラーは未刊の著作『第二の書』の第二章で以下のように述べている。

（…）いわゆる平和的経済政策に固有の危険性は、何よりそれが人口増加を可能にするという事実にある。人口が増えればいずれ、生命を支えるべき国土と生産関係を維持できなくなる。不充分な生存圏からあふれ出した国民は労働者として都市へ集まってくるが、そこは文化の中心地どころか、むしろ国家という名の体に巣食う膿瘍に近い。そこでは、ありとあらゆる邪悪と悪徳と疫病が結びつく。何より、混血と私生児の出産、人種劣化の温床となる。その結果、そこには化膿性の伝染病が蔓延し、国際的なユダヤ人共同体という蛆虫が繁殖して、最後には破滅的破壊がもたらされる。[*2]

国際的な大都市とその文化が生み出すものにヒトラーが浴びせた非難は、ファシスト政治によく見られる主張だ。ユダヤ人に支配されているとされる〝ハリウッド〟とその地方版は〝倒錯した〟芸術《アート》を生み出して、常日頃から伝統的な価値と文化を破壊している、と彼らは言う。〈ドイツ文化闘争同盟〉の一九三〇年の宣言書で、ナチ党指導者の一人アルフレート・ローゼンベルクは〝劇場で民衆に悪影響を及ぼすあらゆる傾向への抵抗〟を求めた。〝今日、ほとんどの大都市で劇場は「倒錯した本能」の舞台と化しているからだ〟と彼は述べた。〝我々はたえず広がっていく「正義の概念」の腐敗、民衆を食い物にする事実上の自由裁量を大詐欺師たちに与える腐敗と闘う[*3]〟と。

ファシズムの想像力にとって都市はユダヤ人や移民が生み出す「文化腐敗の源」であるのに対し、農村地域は「純粋」の象徴だ。国家社会主義ドイツ労働者党（ナチ党）は一九三〇年、「農民と農業に対する党の姿勢に関する公式声明」を出している。党紙フェルキッシャー・ベオバハターにヒトラーの署名つきで発表された（著者は不明）ものだ。そこには、国家の真の価値は農村地域の人々の中に見いだされるというナチ党のイデオロギーの短い声明が盛り込まれ、国家社会主義者は〝農民の中に健全な民族的遺伝の担い手、国民の若さの泉、軍事力の支柱を見る〟[*4]とある。ファシスト政治では「家族と農場」が国家の価値を支える礎石であり、軍隊を支える大きな力は家族経営農場の共同体から提供される。この国家の価値の核心を絶やさないためには、都市へ流れ込む資産を農村地域の共同体へ振り向けなければならない。また、国家の純血を守る農村地域の共同体が移民の血で汚されてはならない。〝国内の農業労働者の取り分を増やし、土地からの人口流出を防ぐことによって外国から農業労働者を輸入する必要はなくなり、したがって移民は禁じられる〟[*5]というのがナチスの公式政策だった。

二〇一七年六月にワシントン・ポスト紙とカイザー財団が行った共同調査（約一七〇〇人の米国人が回答）は、〝移民に対する姿勢で、米国の都市部と地方には大きな隔たりがある〟ことを明らかにした。この調査では〝移民は私たちの仕事と住まいと医療を奪うから、私たちの国の重荷である〟[*6]という主張に、地方在住者の四二パーセントが同意した。いっぽう、この主張に同意した都市在住者は一六パーセントに過ぎなかった。扇動的思考を持つ米国の政治家にとっては、地方と都市部を対立させる政治手法が――特に移民問題については――分断の種を蒔く有力な手段になることを、この調査は示唆している。

二〇一七年のフランス大統領選中、英ガーディアン紙は四月二一日付の記事で、極右政党〈国民戦線〉と同党の大統領候補マリーヌ・ルペンの支持基盤を〝大都市から遠く離れた小さな町や地方の村に暮らす人々〟と評した。〝移民がほとんど存在しない土地にまで反移民感情が深く浸透している地方でルペンの政党への支持が急伸したのは、彼女が〝徹底した治安対策と強硬な反移民姿勢〟というメッセージを打ち出したため、としている。一回目の投票で、ルペンはフランス最大の都市である首都パリでは五パーセントの得票すら果たせなかったのに、エマヌエル・マクロンと僅差の二位につけ、記事は、〝地方での結果は大都市と農村地域の政治的分断を指摘するもの〟[*7]とした。決選投票ではマクロンが大差で勝利し、都市部と地方の分裂はそのままになった。BBCは二〇一七年五月一二日の論説で、二人の支持層の差を以下のように要約している。

マクロン氏は一〇人中九人が彼を支持したパリなど大都市で一位を取った。それが彼の支持基盤だった。対照的に、ルペン氏が受けた最大の支持は地方からのものだった。

同じように、二〇一六年の米大統領選中、反移民を訴えたドナルド・トランプのとげとげしいレトリックは、ほとんど移民がいない農村地域で特に人気が高かった。[*8]

ファシスト政治は投げかけるメッセージの狙いを大都市以外の大衆に定め、彼らをひときわおだて上げる。一九三〇年代の欧州と同じく、新たに出現した世界経済の中心地である大都市圏へ経済力が振れるグローバル化の時代には、とりわけその手法が共鳴を得た。ファシスト政治はグローバル経済が地方に及ぼす悪影響を強調し、そのうえで、リベラルな都市の文化的、経済的成功に脅かされそうな「自給自足」という地方農村部の伝統的価値にスポットを当てる。

二〇一四年のミネソタ州議会選挙では共和党が大躍進を遂げ、それまで過半数を占めていた民主党を議席数で逆転した。スター・トリビューン紙のワシントン局長パトリック・コンドンは二〇一五年一月二五日付の記事で、民主党候補［ジェイ・マクナマー］が共和党の対立候補から〝大都会《メトロ》のジェイ〟と嘲笑された選挙戦で共和党がいかに勝利したかを解説した。州都セントポールに新しい上院議員会館を建設する問題や、同性愛者どうしの結婚合法化、〈医療費負担適正化法〉をミネソタ州に適用するか否か、大都市の民主党員が小さな町に自分の価値観を押しつけて州の財務を操り、利権を奪っていくのではないかという不安につけ込む最奥地の共和党候補の存在など、地方と国のさまざまな問題をコンドンは取り上げている。

ミネソタ州の都市居住者は額に汗して働く農村地域の労働者の税金に寄生して暮らしている、という感覚が広がり、それが二〇一四年の共和党勝利の原動力となった（「同じように税金を払っているのに、自分たちの支払う税金の多くは大都市圏の都市開発に投入されている。少しは分け前にあずかりたい。自分たちの町にも整備された道路が欲しい」という地方在住者の言葉をコンドンは引用している）。さらに、グローバル化の時代に都市部と地方の分断を広げる政治手法にはありがちな話だが、状況の受け止め方も神話的だった――グローバル経済が入り込んでいる多くの場所と同じく、ミネソタ州でも、〝経済のエンジンとして州の隅々へ流れ込む税金を生み出して〟いたのは大都市圏だったのだから。

額に汗して働く農村地域の人々の税金が怠け者の都市住民を支えている、という侮辱的な神話をファシスト政治は吹き込むわけだから、彼らの成功の基盤が地方の農村部になるのは当然のことだ。ニコ・パスキエは、ナチ党の支持基盤がどのように構成されているかを論じた一九八〇年の論文「ナチ党の地すべり的勝利の選挙地理学」で、〝ナチズムに対する農村部の――とりわけ農業従事者の――支持は絶大だった〟と指摘し、ナチスは〝小さな農場が集まった地域、かなり同質的な社会構造を持ち「地方の結束」や「社会統制」を求める気持ちが強い地域でとりわけ成功を収めた[*9]〟と書いている。

ファシスト政治家が都市部にかける攻撃については、その精度が成功を左右するわけではない。彼らが投げるメッセージは都市の外に暮らす有権者の心に響けばよく、都市住民にアピールする必要はない。反都市部的なレトリックは二〇一六年の米大統領選にも中心的役割を果たした。米国の二〇一六年と一七年の凶悪犯罪率は歴史的な低さと言っても過言でなかった（凶悪犯罪の最も顕著な例である「銃乱射事件」はとりたてて都市部と結びつくものではなかったし、犯行に及ぶのは白人が多かった）。都市は繁栄を遂げていく。米国の〝ミレニアル世代〟は郊外地域より都市圏を好む傾向があり、都市は大きな再生を遂げつつあった。一九七〇年代と八〇年代にはマンハッタンのハーレムなど都市部の荒廃したスラム街と見られていた多くの地域に――善かれ悪しかれ――急激な高級化《ジェントリフィケーション》と住宅価格急騰の波が押し寄せた。にもかかわらずドナルド・トランプは二〇一六年の大統領選中にも、その勝利後にも、事あるごとに都市を「殺戮と破滅の温床」と語った。例えば二〇一七年一月一四日、大統領就任を控えたトランプは「火が燃え盛り犯罪が横行するわが国の都心部」とツイートした。米国の都市部ではめざましい高級化が起きているにもかかわらず、トランプは事あるごとに都市を「スラム街を抱える場所」と呼び、そこには（犯罪者にちがいないと彼がほのめかす）黒人が詰めこまれている、とする。彼が選挙戦の演説で使った典型的なセリフに、〝アフリカ系の共同体は最悪の状態で、これまでも最悪だったし、今後もずっと、未来永劫最悪のままだ。都心をひと目見れば、そこには教育も仕事もない。通りを歩いていると銃で撃たれる〟というものがあった。ところが、この時期の米国都市部はここ何十年かで犯罪率が最も低く、失業率も記録的に低かった。都市が本当に病気や害悪の中心地と見なされていて、社会に寄生している蔑まれた少数派だらけの荒れ果てたスラム街があるという、よりファシスト政治的な状況であれば、トランプの言葉にも一定の理があったのだが。

都心に信心深い人々の住む地区や、農村出身の貧しい労働者たちが独裁的指導者の好むポピュリスト的経済政策で厚遇を受けている地区があるときは、ファシスト政治が地方に行うアピールもかすみがちになる。レジェップ・タイイップ・エルドアンはトルコ最大の都市イスタンブールの市長として国政への第一歩を踏み出した。イスタンブールには信心深い保守的な有権者が多数を占める大きな地区がいくつもあり、そこが彼の初期の支持基盤だった。エルドアンのポピュリスト的経済政策はイスタンブールでないがしろにされている貧困層にぴったりくるものだった。ところが一九九九年、彼はキリスト教が色濃い南東部の町シイルトを選んで、イスラム教を賛美する演説で物議を醸し、〝宗教の違いに基づく憎しみを煽り立てた〟[*10]として実刑判決を受け収監された。その後、次第にファシスト政治に携わるようになり、彼の支持基盤は農村地域へ移っていった。エルドアンに事実上独裁的な権力を認めるかどうかを問うこととなった二〇一七年の国民投票では、トルコの三大都市すべてが反対票を投じた。これが通過したのは大都市圏外に強力な支持基盤があったからに他ならない。

大都市の中心部には、きわめて高度な多元主義へと向かう傾向がある。都市部には民族、宗教だけでなく、生活様式や慣習にもきわめて大きな多様性が見られる。都市にはナチスの標的になる人たちを少なくとももしばらくは守ってくれる一定の寛容な空気があったという見解を、国家社会主義についての文献も裏打ちしている。歴史学者のリヒャルト・グルンベルガーは、〝村や小さな町に暮らすユダヤ人は窓を割られたり暴力を振るわれたりしがちで、ときには殺されることもあった。そのため彼らは匿名性と共同体的な心地よさをフランクフルトやベルリンのような大都市に求めた（…）地方の農村部はたいてい都市部より反ユダヤ的姿勢が強い。都市部の反ユダヤ感情は（その街の）大きさにおおよそ反比例した[*11]〟と述べている。

ファシズムは多元主義や寛容を拒絶する。ファシスト政治では、神に選ばれた民族（国民）全員がひとつの宗教、生活様式、慣習を共有する。よって、大都市中心部の多様性とそれに付随する「人との違いに寛容な姿勢」は、ファシズムにとって脅威となる。ファシスト政治は金融エリート、世界市民《コスモポリタン》、自由主義者、そして宗教的・民族的・性的な少数派に攻撃の狙いを定める。多くの国で、そういう人たちは都会に暮らしている。都市がファシスト政治の宿敵として代理標的になるのは、そういうわけなのだ。

ファシズムのイデオロギーでは、農村の暮らしは自給自足の精神に導かれ、それが力の源泉となる。都市部の〝寄生虫たち〟と違って農村の人々は国に頼る必要がない。ヒトラーはウィーン滞在中に学んだ教訓として、〝「愚かなうえに意味のない福祉事業」を夢見ることに社会の課題を認めてはならない。むしろ、個々の人間を堕落に導くことになる「経済生活や文化生活の仕組みの根本的欠陥」を除去することに課題を認めなければならない〟と書いている。[*12] リヒャルト・ヴァルター・ダレはナチスの指導的理論家で、親衛隊（SS）の大将も務めた人物だ。彼は一九二九年の小論「北欧人種理解のカギを握る農民層」で、〝真の自由は農民層の田舎暮らしの中でしか理解できない〟という持論を展開した。田舎暮らしでは、人は都市居住者を指す〝寄生虫〟と違って〝みずからの力を頼みとして〟自給自足するしかない。[*13]

ファシズムでは、単なる国家《ステイト》は敵だ。これを、民族や宗教の賛美といった共通の目標のために進んで犠牲になることを集団として選んだ自給自足の人々から成る、民族国家《ネイション》に置き換えなければならない。

ファシズム運動は民族国家《ネイション》を後押しするため、「出生率の低下を反転させること」に執心する。そして、献身的な専業主婦が育てる大家族を目標とする。[*14] ファシスト政治では、都市は「出生率を下げる場所」として糾弾され、出生率の低下は、人口を減らしていく作用があり伝統的な男女の役割分担（例えば、兵士と母）の遂行能力を低下させる世界市民主義《コスモポリタニズム》が元凶であると非難される。イタリアのファシズム指導者ベニート・ムッソリーニは、一九二七年の演説で以下のように述べている。

ある時点から都市はそれ自身の資産ではなく、外部の支援を受けて不健全な病的成長を開始する（…）市民の不妊増加は都市の急速的、怪物的な成長と密接な関係がある（…）大都市が拡張して地方住民を引き寄せ、彼らはたちまち都市化されて、元々の住民と同じように不妊化する（…）都市は死に、民族国家《ネイション》はいまや（…）年老い劣化して、無防備になったフロンティアに攻撃をかけはじめた若者たちから身を守れない人々であふれている。[*15]

ムッソリーニはニューヨークのような世界的大都市を、「白人以外の人種があふれ返っている場所」と非難した。ファシズムにとって、都市は民族国家《ネイション》の人々が蔑むべき大勢の他人に囲まれて子どものないまま年老いて死んでいく場所であり、無規律に交配が行われる場所であり、彼らの子たちは国の重荷になる。

ファシズムの世界観では、都市は、人々が公共インフラ――つまり、国――に頼って生存と心地よさを手に入れる「集団的企業」とされる。都市居住者はファシズム神話と違って狩猟をすることも、食物を育てることもしない。食物は店で買うものだ。これは「田舎暮らしの自給自足」というファシズムの理想に逆行する。ファシズムでは、供給するのは国家《ステイト》ではなく民族国家《ネイション》――つまり、自給自足の人々が一丸となって働く、民族的もしくは宗教的に純粋な小共同体だ。現在の米国にもこのイデオロギーの明らかな証拠が見つかる。先に論じた二〇一七年の調査では、「勤勉」と「自給自足」の概念をめぐる回答に、やはり地方と都市部でとりわけ大きな溝があった。〝ある人が貧しい場合、おおむねどちらが原因と考えがちですか？〟と問われたとき、地方在住者の四九パーセントは選択肢から〝自身の努力の欠如〟を選び、四六パーセントが〝自力ではいかんともしがたい困難な状況〟を選んだ。対照的に〝自身の努力の欠如〟を選んだ都市居住者は三七パーセントに過ぎず、五六パーセントが〝自力ではいかんともしがたい困難な状況〟を選んだ。

ファシスト政治は都市に暮らす少数派住民を、額に汗して働く農民の誠実な仕事を食い物にする齧歯類とか〝寄生虫〟と表現する。『わが闘争』でヒトラーは以下のように述べている。

おそらくアーリア人も最初は遊牧民であり、その後、時代の流れとともに定住するようになったのだろう。だが、それだからこそ、彼らは決してユダヤ人ではなかったのだ！　否、ユダヤ人は遊牧民ではない。なぜなら、遊牧民でさえすでに〝労働〟という概念に対し一定の姿勢を持っていたのだから。ところが、ユダヤ人にそのような概念は存在しない。彼らは遊牧民ではなく、ずっと他民族の体に巣食う寄生虫だった。[*16]

国家社会主義の教育制度では、〝工場労働者や煉瓦職人、鍛冶屋、鍵屋、炭坑作業員、農民、漆喰職人といった職業にユダヤ人の姿は見えない。つまり、ユダヤ人は手を使った仕事も重労働も避けながら隣人の汗を食い物にする、ヤドリギと同じ寄生体なのだ[*17]〟とされる。ファシスト政治は、都市少数派の怠惰を治療するには無理やり重労働に押し込めるしかないと主張する。ナチスのイデオロギーでは、額に汗する重労働には驚くべき力がある。生まれつき怠惰な人種も、重労働を課すことで浄化できるのだ。

10

働けば自由になる

ARBEIT MACHT FREI

二〇一七年、強力なハリケーンが立て続けに米国を襲った。八月のハリケーン・ハービーはテキサス州ヒューストンの街に壊滅的な打撃をもたらした。九月にはハリケーン・マリアが米国自治領プエルトリコにそれを上回る打撃を与え、住民の多くは停電状態のまま何カ月か放置された。プエルトリコに生まれた人も、ヒューストンに生まれた人と同じ米国民だ。なのに、連邦政府にも、トランプ大統領にも、そして米国本土に暮らす多くの白人の間にも、プエルトリコの災害に対する反応には大きな温度差が見られた。ワシントン・ポスト紙のジェンナ・ジョンソン記者が執筆した二〇一七年一〇月の記事は、〈ハリケーン被害から解放された多くのトランプ支持者は、プエルトリコを救済すべきと確信できず〉との見出しを掲げて、プエルトリコは連邦政府からヒューストンと同等の助成を受けてしかるべきかという問題を論じ、ヒューストン在住フレッド・マダックス（七五歳）の言葉を引用した。

正直、私たちの責任とは思えない。私個人はね。彼［トランプ］は私たちを目覚めさせようとしている気がするよ。自分の務めを果たし、自分で責任を負え、と。

マダックス家は洪水保険に入っていなかったにもかかわらず、連邦緊急事態管理局（FEMA）から一万四〇〇〇ドルの助成金を手にした。記事はこの災害にトランプ大統領が取った冷淡な対応について、マダックスの見解で記事を締めくくっている。

実業家、特に言いづらい事実を恐れず口にする人に政権を担ってもらいたい、と彼［マダックス］は思っている。

「そろそろ、我々のために戦ってくれる人に政権を任せるときではないか」と彼は言った。

国が危機や困難に見舞われたときには、まず神に選ばれた民族《ネイション》、つまり〝やつら〟ではなく〝我々〟の支援を確保するのがファシズムの考え方だ。それを正当化する論理はいつも変わらない。〝やつら〟は怠け者で職業倫理に欠け、犯罪的で、寛大な国に寄生しようとしているだけだから、政府予算は割り当てられない。ファシスト政治では、〝やつら〟の怠け癖とコソ泥根性は額に汗して働かせることでしか治療できない、とされる。アウシュビッツ強制収容所の門に〈働けば自由になる《アルバイト・マハト・フライ》〉という標語が掲げられていたのは、だからなのだ。

ナチスのイデオロギーによれば、ユダヤ人は怠け者の堕落した犯罪者で、働き者のアーリア人の金銭を奪う計画にもっぱら時間を費やしていて、その仕事にこれまで国家《ステイト》は便宜を図っていた。一九一九年、ドイツ労働者党（DAP）——のちのナチ党——の〝指針〟は、〝DAPは誰と戦うのか？〟という問いを投げている。その答えは、〝なんの価値も生み出さず、頭脳労働も肉体労働もせずに高利をむさぼるすべての人間である。我々の戦う相手は国内の怠け者で、たいていはユダヤ人だ。彼らはいい暮らしを送り、自分が種を蒔いてもいない場所で収穫する〟[*1]。彼らを治療するには、国家《ステイト》を取り除いて民族国家《ネイション》に置き換えるしかない。国家《ステイト》とは対照的に、民族国家《ネイション》には、「個人から経済的独立の力を奪い取る」とヒトラーが非難する〝福祉〟のような仕組みはない。国家《ステイト》は、働き者の市民が生み出した富が「支配的民族や支配的宗教に属さず〝（相応の権利を手にする）値打ちがない〟少数派」や「働き者に便乗する輩《やから》」に再分配される状況の象徴だった。

米国白人の〝福祉〟に対する意識については、社会科学の研究が山ほどある。ほとんどの場合、福祉政策への反対姿勢は、「個人主義への傾倒」や「自給自足の倫理を育むことへの支持と願望」の表明と説明される。しかし、白人が福祉をどう考えるかという研究から浮かび上がってくる最大のテーマは、〝福祉〟と名のつくプログラムについて白人の姿勢を測る唯一最大の予測材料は、「黒人は怠け者」という概念の受け止め方であることだ。プリンストン大学の政治学者マーティン・ギレンズは一九九六年の論文「〝人種暗号化〟と、白人の福祉反対姿勢」で、〝黒人は怠け者だという受け止め方は、「経済的利己心」や「個人主義の信奉」や「貧しい人々全般に対する見方」以上に、白人の福祉政策選好に大きな影響をもたらす〟と述べている。[*2]

もちろん、「人種差別主義」や「貧乏人は怠け者という考え」や「ある種の個人主義への同意」といった要素は、たがいに無関係ではない。貧しいのは誰であるかについて、多くの白人には誤った思い込みがある。福祉計画の恩恵を受けている人のほとんどは白人、という事実は全体的にあまり知られていない。そのうえ、前章でも述べたが、「自給自足」を価値あるものとする姿勢はファシズム思想の核心であり、「嫌悪すべき少数派」への敵意と緊密に結びついている。「黒人と貧乏人は怠け者」という決めつけと「自給自足の価値」への思い込みを、私たちは区別して考えられるかもしれない。しかし、ファシズム思想の影響を受けやすい人たちはこのふたつを混同しやすい。

ファシズムでは、「働き者」という理想が少数派攻撃の武器となる。フランスのネオ・ファシズム政党〈国民戦線〉は徹底した反移民主義を掲げている。党を代表する政治家たちは移民を、〝真の〟フランス人の重労働や勤勉さに寄生する怠け者のたかり屋だと、繰り返し非難する。例えば現在の党首マリーヌ・ルペンは二〇一七年大統領選の遊説先で、

「世界各地からやってくる侵入者が（…）フランスを〝巨大な不法占拠地〟に変えようとしている」と語った。

〝働き者〟対〝怠け者〟という二項対立は〝法律を守る人々〟対〝犯罪者〟と同じく、〝我々〟と〝やつら〟を区分するファシズム政治の心臓部だ。しかし、こうした〝言葉による分類〟でいちばん恐ろしいのは、ファシズム運動が往々にして〝やつら〟に関する神話を社会政策で現実に変えようと試みる点だ。私たちは難民がらみの運動に繰り返しそれを見ている。ハンナ・アーレントは以下のように述べた。

ファシズムのプロパガンダの特徴は、嘘をつくだけでは満足せずその嘘を意図的に現実に変えようとするところなのだが、いつの時代もその点は見過ごされがちだ。ナチス親衛隊の機関紙ダス・シュヴァルツェ・コーアも戦争勃発の何年か前に、すべてのユダヤ人は他民族が構成する経済有機体の寄生虫としてしか存続できない路上暮らしの乞食であるというナチスの主張を外国人は鵜呑みにしていない、と認めている。しかし、何年かしてドイツのユダヤ人が乞食の一団のように国境の外へ追い払われたとき外国の世論はこの事実に納得する機会を得るだろう、と彼らは予言した。こういう偽りの現実のでっち上げには、誰も心の準備ができていなかった。ファシズムのプロパガンダの基本的特徴は「嘘」ではない。それは時と場所を問わず（大なり小なり）プロパガンダに共通するものだからだ。根本的な問題は、彼らが現状と真実を混同する「西洋の昔からの先入観」につけ込み、かつては嘘としか思えなかったことを真実にしてしまうところにあった。[*3]

心に傷を負い、一銭も持たずに群れをなして国境を越えてきた難民たちには、労働市場に入る前にその国からの援助と支援が必要だ。言葉の習得をはじめとする支援が必要だし、何はともあれ雨露をしのげる場所や、食べる物や、職業訓練が必要だ。ファシズムの運動は「嫌悪すべき少数派」に残酷な仕打ちをしたあと彼らを難民として国境から別の国へ追い払うことで、その集団は国の補助と軽犯罪に依存している怠け者であるという主張の根拠となる「うわべだけの現実」を創り出すことができる。こういう手口で、ファシスト政治が有効になる諸条件を外へ輸出することにもなる。

アーレントは以下のように指摘する。ファシズムの虚構は陳腐な神話に過ぎなかった主張のなけなしの根拠を事実へと変える「未来の現実への約束手形」であり、ファシズムの虚構はファシズムの政策への序曲なのだ、と。ファシスト政治とファシズムの政策は簡単に切り離すことができない。ファシスト政治を採用する人々はいったん権力を握ると、権力の座を利用して、かつては空想的だった声明をどんどん現実らしく作り替えていきたいという強い誘惑に駆られる。
こうしてファシスト政権は、民族浄化や大量殺人の前段階として人為的に、ある集団への残忍な仕打ちを正当化できそうな状況を国内に創り出す。ナチス・ドイツが一九三九年にチェコスロバキアへ侵攻したあとヨゼフ・ティソを国家元首として独立したスロバキアは、その好例だ。イェール大学の歴史学者ティモシー・スナイダーは二〇一五年の著書『ブラックアース――ホロコーストの歴史と警告』で以下のように書いている。

チェコスロバキア法からスロバキア法への移行期、スロバキア人は嬉々としてユダヤ人から盗みをはたらいた。ティソをはじめ新しい国家指導者たちはこれを、スロバキアがユダヤ人を（ある意味ではスロバキアのカトリックがスロバキアのプロテスタントを）中産階級から押しのける、自然な過程の一部と見ていた。この結果として、ユダヤ人の財産を没収する法律は、ユダヤ人についての人為的な疑問を生み出した――これだけ大勢いる貧しい連中をどうしたらいい？[*4]

続いてスナイダーは、以下のように説明した。スロバキアの指導者たちが選んだ解決法は、自分たちが送り出すスロバキア在住五万八〇〇〇人のユダヤ人を決して送り返さないという確約をナチス指導者ハインリヒ・ヒムラーから取り付け、彼らをアウシュビッツへ送還してもらうことだった。

二〇一七年にミャンマーのロヒンギャが見舞われた「民族浄化」と「大量殺人」の危機は唐突に起こったわけではない。ここまで書いてきたように、この状況が本格的に始まったのは二〇一二年、ロヒンギャの男性数名が仏教徒の女性を強姦し殺害したとする事件後のことだ。その後、何百もの村で大勢のロヒンギャが隔離され、移動を禁じられた。国連人権高等弁務官事務所が二〇一六年六月に出した報告書には、こうある。

二〇一二年以降、ほとんどのロヒンギャは役所の許可がないと、町から町へ、あるいは町なかを移動できなくなった（例えば北部ラカイン州では、別の村に一泊するには村出発証明書が必要になる）。許可を取る手続きは煩雑で、多大な時間を要する。要件を満たせないと、逮捕や起訴の憂き目にも遭う。規制の存在により、法の執行と役人による恐喝や嫌がらせが日常的にもたらされる（…）強制隔離状態の長期化、収容所の過密状態、生計手段の欠落、生活のあらゆる側面にかけられた制約が、緊張と家庭内暴力のリスクを高める。[*5]

ミャンマーの少数民族ロヒンギャに対する仕打ちが彼らから働く機会を奪い、継続的な嫌がらせや取り締まりが住民に「心の健康危機」をもたらしたのは間違いない。こうした一切合切でロヒンギャについての「否定的《ネガティブ》な固定観念」が強化され、残忍かつ非人間的な扱いが合法化されて、最後に二〇一七年の「民族浄化」を招くことになった。そこから、ほかの土地でも彼らの難民受け入れ反対を招く事態となった。

フランスの精神科医フランツ・ファノンは西インド諸島のマルティニークに生まれ、フランスと北アフリカの両方で暮らした。このファノンが一九五二年に二七歳の若さで発表した研究論文は、二〇世紀を代表する植民地主義批判の手引書だ。フランス警察がアルジェリア人をどのように扱ったか、入植者——この場合はアルジェリアに駐在したフランス警察——がいかにして人種差別的な固定観念を支える状況を創り出したかを、ファノンは簡潔に説明している。

アラブ人はずる賢くコソコソしていて、下品で信用が置けないという既成概念がフランスにはあった。しかし、この概念はフランス警察のアラブ人に対する日常的な接し方と、フランスの統治が彼らを貧困化させたことによって創り出されたものだと、ファノンは指摘する。常日頃から白昼公然と警察に呼び止められていたら、誰でも、〝追い詰められた、逃げ腰の、不信感に根差した表情〟を浮かべるようになる。こういう扱いを受けた人々にとっては、きわめて自然な反応だ。フランス警察の日常的行為によって、被植民者は既成概念と一致する振る舞い方を余儀なくされた。ファノンはこの状況について、〝劣等者を創り出す者こそが差別主義者である〟と結んでいる。[*6]

警察が固定観念を植えつけ、それが現実であるかのように見せてきた歴史は、米国にもある。この国の人種差別的な大量投獄が特定集団の否定的《ネガティブ》な固定観念をどう築き、それをどうやって合法であるかのように見せているのか、説明のカギを握るのは、「警察活動と投獄」の構造と、それに対する白人の反応だ。米国では、生涯で一度以上投獄される確率は、黒人男性で三人に一人。白人男性は一七人に一人。ただし、投獄された人が刑務所から釈放された時点で、この統計の悲劇が終わるわけではない。前科のある人は就職の可能性がきわめて厳しくなる。雇用主にとって前科は緋文字のようなものだ。ハーバード大学の社会学者ディーヴァ・ペイジャーは二〇〇三年の研究で、勤め口を探すときに前科がもたらす甚大な影響を例示し、「投獄」は「大卒」や「生活保護受給者」に劣らず、個人を判断する大きな指標になっている、と述べた。

犯罪記録と結びついた〝否定的な経歴〟は、特定の個人について、差別や社会的排除を受けてしかるべきと国家が認めている点で階層化に特異な作用を及ぼしている。[*7]

ペイジャーは画期的な研究で、前科が雇用機会に大きな影響を与えることを明らかにした。彼女の指示で、実験にはひと組の会計監査員役――同じような見かけの黒人二名と、やはり同じような見かけの白人二名が使われた。一人はコカインの密売で一八カ月間の服役歴があるとされ、もう一人は犯罪歴なしとされる。犯罪歴ありとされるメンバーは週ごとに入れ替えられる。このチームがウィスコンシン州ミルウォーキーで、同じ初歩的な仕事に応募した。

白人の場合、犯罪歴ありの人物が面接に呼ばれる確率（コールバック率）は犯罪歴なしの人物の半分だった。犯罪歴なしとされた白人のコールバック率が三四パーセントに対し、犯罪歴ありとされた白人は一七パーセントだった。白人二名と似た経歴を持つ黒人二名のうち、犯罪歴なしとされた人物のコールバック率は一四パーセント——この数字は仕事探しの初歩段階において、犯罪歴なしとされた黒人でも犯罪歴ありとされた白人より不利なことを示唆している。犯罪歴ありとされた黒人で面接に呼ばれたのはわずか五パーセントだった。ペイジャーの研究によれば、「人種」と「服役歴」の両方が雇用の可能性に大きな影響を及ぼしていた。「人種」に「服役歴」が加味されることで就職の可能性は劇的に低下する。黒人の投獄率の上昇が黒人の失業率の上昇につながることは、言うまでもない。

米国の白人が黒人にいだく〝怠け者で暴力的〟という固定観念は建国期に由来するもので、当時は黒人の奴隷化を正当化するためにこのような特質が頻繁に口にされた。奴隷制が終わったあとも、「囚人の貸し出し」というこれまた残酷な慣習を正当化するためにこうした固定観念が利用され、そのせいで南北戦争以前の南部にいた黒人の大半は軽犯罪で逮捕されたあと鉄鋼会社や石炭会社に貸し出されて、重労働に従事させられ、そこで死亡することも少なくなかった。[*8] 人種差別による黒人の大量投獄を支えるからくりは、この人種は怠け者だから――つまり、たぶんやる気がないから――就職できないのだという固定観念を正当化しようとしてきた、長い伝統の一部なのだ。

一九六〇年代のケネディ政権とジョンソン政権は「職業訓練プログラム」と「貧困撲滅プログラム」に懲罰的な防犯対策を組み合わせることで公民権運動に対応した。一九六八年にリチャード・ニクソンが大統領に立候補したとき、彼は都市部の不安を利用して、論点を「社会正義」から「法と秩序」へすり替えた。これは、都市部の不安こそ際立っていたが投獄率が低下しはじめていた時期のことだ。歴史学者のエリザベス・ヒントンは次のように書いている。

> リチャード・ニクソンは大統領に就任した一九六九年、収監者を減らしてきた刑罰制度を受け継いだ。六〇年代には連邦刑務所と州刑務所の人口が米国史上最大の減少を見せ、六九年の囚人数は五〇年より一万六五〇〇人減少していた。この収監者数減少傾向をよそに、ニクソン政権の保護を受けた連邦政府は空前の勢いで刑務所を建設しはじめた。[*9]

ニクソン政権は国民の注意を「法と秩序」の回復へ向ける際、ジョンソンの貧困撲滅プログラムと職業訓練プログラムを捨てて、アフリカ系住民が特に多い都心部での懲罰的防犯対策に重点を置くことを明らかにした。ニクソンと閣僚たちはこの政策が黒人の収監者数を激増させることになるのを充分承知していたと信じるに足る根拠を、ヒントンら研究者は示している。米国が現在脅されている「大量投獄危機」の原因を説明する文献は大量に存在するが、そこには意見の不一致や議論の余地もある。それでも、福祉プログラムと職業訓練プログラムの大幅な削減と連動した「厳罰化政策」が悲劇的な結果を招き、固定観念と政策が繰り返し自己膨張していく傾向を招いた点に、意見の不一致はない。服役歴と就職難の相関が明らかなことに加え、セーフティネットと職業訓練プログラムの大きな削減と懲罰的防犯対策が組み合わさった結果、黒人社会には高い失業率が根強く残ることになった。ファシズムの戦術を用いる政治家たちはこの集団を指差し、何世代にもわたる貧困の原因として「危機的な怠惰」を挙げた——真の原因には触れることなく。この〝怠惰〟は、セーフティネットをさらに削減してこの集団を〝重労働〟に押し込むことで〝治療〟が可能、と彼らは指摘する。黒人を——特に、前科のある黒人を——白人が雇わないことを示す証拠がある以上、この措置はこういう失業パターンを定着させるだけだ。かくして、ファシスト政治に役立つ「誤った固定観念」は永続していく。

一九七〇年代には、こういう政策の組み合わせがどんな影響をもたらすかが不明瞭だった。暴力や失業といった根強い社会問題に取り組むとき、「厳罰化政策」は何もしないよりましと考えることは可能だった。しかしいま、少数派集団の共同体を支える「社会福祉の削減」と「少数派集団に狙いを定めた露骨な防犯対策」が組み合わされたときに破滅的な結果がもたらされることを、私たちは知っている。七〇年代、八〇年代、九〇年代の〝犯罪を厳しく取り締まる〟運動から出てきた政策の惨憺たる失敗に、長年にわたりメディアの注目がそそがれてきた結果、「懲罰化政策」から「社会福祉プログラム」への移行《シフト》を大きく支援する超党派的な動きが生まれた。ただ、このシフトには、「厳罰化のレトリックと政策」を求める動きの根底にはファシズム的な動機があったのであり、〝我々〟対〝やつら〟という二項対立を打ち立てて階層的な固定観念を強化するための企みだったのだという意識が伴っていなかった。

だからこそ、これを書いている時点で現大統領のドナルド・トランプやジェフ・セッションズ司法長官、ポール・ライアン下院議長ら、米国の与党・共和党を構成する多くの人々が、すでにぼろぼろ状態の「社会福祉国家」を抹殺すると同時に、刑事司法制度をいま以上に大きく懲罰的にする計画を立てている現状に、米国民は不安を覚えてしかるべきだ。このような政策が長年にわたってメディアの注目を引いてきたいま、こういう政策の組み合わせが黒人と「白人の人種姿勢」の両方にどんな影響を及ぼすかを知らないと主張できる人間はいない。このような失敗した政策を全力で立て直すためには、コネティカット大学の哲学者ルイス・ゴードンが〝悪しき信念〟と呼ぶ、〝意図的な事実の無視〟が必要になる。[*10]ここまで見てきたように、こういう〝悪しき信念〟こそがファシズム政権の特色なのだ。防犯政策と社会福祉プログラムに対する米国政治家たちの姿勢の場合、この〝意図的な無視〟はおだやかでない。そこには「語られざる目的」がある。政治家がファシズム的戦術に訴えて選挙で躍進できるよう、人種差別的な固定観念が蔓延する状況を創り出すのが、その目的だ。

ここまで述べてきた〝我々〟対〝やつら〟の分断を食い止める防壁は、労働組合に代表される、同じ階級に属する人たちの「団結」と「共感」だ。機能性に優れた組合では、労働階級の白人は労働階級の黒人に反感をいだかず、彼らに自分たちの姿を重ねる。分断政策に団結して抵抗することの有効性をファシスト政治家は理解していて、だからこそ組合の解体を目論む。ファシスト政治はエリートを〝私利を貪る腐ったやつら〟と非難しながら、階級間の闘争の重要性は最小限に抑え込もうとする。

特徴の異なる人々を結束させるために社会が見いだした最大の機構が、労働組合だ。「協力」と「共同体」の源であり、「人間の平等」の源であると同時に、浮き沈みの激しいグローバル市場から身を守る仕組みでもある。ファシスト政治においては、グローバル資本主義の海で個々の労働者が孤立して党や指導者に頼らざるを得ない状況になるよう、組合を粉砕しなければならない。労働組合嫌悪はファシスト政治の主要なテーマで、これを理解せずにファシズムを完全に理解することはできない。

『わが闘争』の第一部で、ヒトラーは繰り返し労働組合を攻撃している。〝（ユダヤ人は）徐々に労働組合運動のリーダーシップを執りはじめている――ユダヤ人にとって重要なのは本当の意味で社会悪を除去することではなく、むしろ、国家の経済的独立を破壊するため産業内に「何も疑わず命令にしたがう戦闘部隊」を編成することだ〟。ヒトラーは『わが闘争』の「労働組合の問題」（〝ユダヤ人問題〟を喚起する）という章で、〝マルクス主義は（労働組合制度を）構築し、自身の階級闘争道具に仕立て上げた。マルクス主義は世界のユダヤ人が自由な独立した民族国家《ネイション・ステイト》の経済的基盤を破壊するための「経済的な武器」を生み出した〟と書き、労働組合を非難して、〝彼らは事業効率と国家全体の生活効率を妨害する〟[*11]と主張した。ヒトラーは労働組合に、階級的利害を求めずその目的を国家への奉仕に切り替えるよう求めている。

経済的自立と事業効率への懸念は、ヒトラーの労働組合嫌悪を覆い隠す仮面に過ぎなかった。ハンナ・アーレントが一九五一年に著した古典的作品『全体主義の起原』第一〇章には「階級なき社会」という章題が付いている。この章でアーレントは、ファシズムには社会の個々人が〝個別化する必要〟――つまり、さまざまな違いを超えた相互の歩み寄りを失う必要――があると述べている。労働組合は人種や宗教ではなく階級という線に沿って相互の絆を創り出す。ファシズムが労働組合を目の敵にするのは、だからなのだ。

ファシズムが労働組合を攻撃の標的にする理由はほかにもある。ファシスト政治が最も効力を発揮するのは、経済的不平等が硬直している環境だ。労働組合の拡張はそういう状況の発展を食い止める最高の解毒剤であることを明らかにした研究がある。ハーバード大学の政治学者アーコン・ファンが指摘しているように、〝不平等が低水準にとどまっている多くの社会では労働組合の組織率が高い〟。[*12] ファンは二〇一三年に（欧米の安定した民主国が大半を占める）ＯＥＣＤ加盟国を対象に行った「不平等」と「労働組合密度」の研究から導き出された、「驚くべき統計数値」に注目した。〝労働組合密度が高い国は所得の不平等が小さく（デンマーク、フィンランド・スウェーデン、アイスランド）、所得の不平等が大きい国は労働組合密度が低い（米国、地理、メキシコ、トルコ）〟と、ファンは指摘した。この研究では、不平等が大きく労働組合密度が高い国はゼロだった。労働組合は不平等な経済圏の発達を阻止する強力な武器になる。ファシズムは市民と市民を対立させることができる「経済的不安定」の状況下でこそ力を発揮するため、労働組合はファシスト政治が足場を築くのを防いでくれるのだ。

米国では、企業所有者や工場所有者や彼らに大きな投資をしている人々を歴史的に脅かしてきた労働運動の求心力を、人種の分断がずっと打ち消してきた。Ｗ・Ｅ・Ｂ・デュボイスの『ブラック・リコンストラクション』第一四章には「持てる者たちの反革命運動」

という章題がついている。その中でデュボイスは、〝南部再建期《リコンストラクション》〟に出現した労働運動について、〝南部労働者の手に大きな力を与えたはずで、知的な無私無欲の指導力と明確な理念があれば、南部の経済基盤を築き直して富の没収と再分配を実現し、民衆のためになる「産業の真の民主制」を築けたかもしれない〟と述べている。貧しい白人が新たに解放された黒人より上位だった社会階層上の地位を失う不安に駆られて、人種的不満をいだき、新たに芽吹いた南部労働運動を引き裂いていった歴史を、デュボイスは記録している。[*13] 北部産業投資家は旧南部の白人権力構造と手を組んで、こういう憤りを利用し、「人種を超えた労働運動」の兆候がわずかでもあればそれを粉砕し、経済的平等を支える大きな勢力になったはずのものを叩きつぶしていった、とデュボイスは主張する。貧しい白人労働者が貧しい黒人労働者に「同じ階級の人々」という一体感をいだくことができないとき、彼らは「人種対立」と「憤り」というおなじみの道筋にすがりつく。

今日の米国では二八の州で労働権《ライト・トゥ・ワーク》法案が議会を通過し、これを書いている時点では、少なくとも公務員組合については最高裁が認めそうな趨勢だ。この法案は組合費を払いたくない従業員から組合が会費を徴収することを禁じ、組合費を払わないことにした従業員にも同等の組合代表権と組合員の権利を与えることを義務づけるものだ。この法律の目的は、財源の入手経路を断って労働組合をつぶすことにある。労働権法は労働者の団体交渉能力に攻撃をかけて労働者から声を奪う法律に付けられた、〝ジョージ・オーウェル的〟

な名称ということだ。米国の労働の砦である中西部ウィスコンシン、ミシガンの二州で労働権法が通過し、その結果、米州の政策は――特に二〇一六年の人種分断的な大統領選中に――大きく右へ傾いた。この法律が現在の人種分断に果たす役割を理解するためにも、その歴史は調べておくべきだ。

労働権法の始まりは一九四〇年代のテキサス州。最初に提案したのはヴァンス・ミューズというロビイストで、〝労働組合はこの地域の人種に基づく政治経済に対する挑戦である〟という声に応えたものだった。一九三〇年代の中頃、産業別労働組合会議（CIO）は米国労働総同盟（AFL）から離脱した。CIOが開放性を高めよう――特に、非熟練（単純）労働者も組合に加入させよう――と主張したのに対し、AFLは「熟練工の職能別組合という性格を改めようとしなかったからだ。CIOは元々AFLより進歩的で、最終的にはAFLと再統合し、今日の米国労働総同盟・産業別組合会議（AFL―CIO）となる。ダートマス大学の社会学者マーク・ディクソンによれば、〝CIOの組合は人種問題についてAFLの組合より進歩的な傾向があった（…）彼らは一九四〇年代の初めから中頃にかけて、南部州の人頭税廃止運動に何度も着手した〟[*14]という。ミューズは石油会社のためのロビイング組織〈キリスト教米国協会〉の代表だった。この〈協会〉は人種差別主義、反ユダヤ主義、反カトリック主義の姿勢を備えていて、共産主義者が白人支配を転覆させるために「人種の平等」を要求していると吹聴して恐慌《パニック》を煽るファシズムおなじみの手口で、反労組計画を推し進めていった。

労働権法で組合を攻撃するにあたり、ヴァンス・ミューズに人種差別的な動機があったのは明らかだ。「今後、白人女性と白人男性は、アフリカ系の黒い猿がうようよいる組織に押し込められて、彼らを〝兄弟《ブラザー》〟と呼ばなければ、仕事を失うことになる」と、一九四五年にミューズは語った。「彼らは私を反ユダヤの反黒人《ニガー》と呼ぶ。いいかね、私たちはニガーが好きなんだ――彼らがいまの場所にいるかぎり。（…）私たちの（労働権の）修正はニガーを助けるものであって、差別するものではない。共産主義のニガーでなく、善良なニガーをだがね。ユダヤ人？　もちろん、私にも、仲のいいユダヤ人の友人は何人かいる。彼らは善良なユダヤ人だ」ミューズは自分の立ち位置を「南部人で、白人優越主義を支持」と表明し、「米国のキリスト教徒は〈ニューディール〉を、〝マルクス主義者のユダヤ人〟がキリスト教徒の自由企業にかける攻撃の延長線上にある政策と考えていた」と語っている。[*15]

当初、労働権法は『わが闘争』でヒトラーが組合攻撃に使ったレトリックをそのまま使って推進された。にもかかわらず、〝白人の階層を維持し、人種と宗教を超えた団結を阻止したい〟という願望を明らかにする彼らの反労組計画は、今日の米国で大きな勝利を収めてきた。こういう反労組政策が地ならしをしたことで、一九三〇年代への懐古《ノスタルジー》の情をあらわに白人至上主義的キャンペーンを繰り広げた大統領候補は、かつて誇り高き労働者の州だった中西部の全土で地すべり的勝利を収めることができたのだ。

組合を弾圧し、特定の集団を怠け者と非難することで、ファシスト政治の成功に不可欠な分断は生み出される。しかし、なぜファシスト政治では〝怠け者であること〟が社会的な価値の序列において低層を占めることになるのか？　賛美すべき帰属意識《アイデンティティ》が数ある中で、なぜファシスト政治家は「階級団結」を利用せず乱そうとするのか？　その答えは、ファシスト政治の基盤となった「社会ダーウィン主義」にある。

この世は権力闘争で、それに照らして社会資本の分割は純粋な自由競争に委ねられるべきという思想を、ファシズム運動と社会ダーウィン主義は共有している。「重労働」と「私企業」と「自給自足」という社会ダーウィン主義の理念もファシズム運動は共有する。価値ある人生を手に入れるためには闘争と能力で他者の上に立ち、資本をめぐる熾烈な競争を勝ち抜く必要がある、というのが社会ダーウィン主義の考え方だ。競争に勝てない者には、社会が作り出す品々や資源を手に入れる資格はない。生産性で価値を測る思想にとって、社会学で言う「外集団（よそ者）」の人々を怠け者と触れまわるプロパガンダは、価値の序列で低いところに彼らを配置することを正当化する手段なのだ。

ファシズムのこういう側面を見れば、レーベンスンヴェルテス・レーベン——生きるに値しない命——と表現される、国家社会主義の障害者に対する姿勢にも説明がつく。国家社会主義において、人の価値は労働を通じて社会にどれだけ貢献できるかで決まるため、障害を持つ市民は無価値と見なされた。生存を国家に頼る者にはなんの価値もないというのがナチスの思想だ。ファシスト政府は障害者に、著しく人道に反する残忍な姿勢を示してきた。ナチス・ドイツが一九三三年に定めた「遺伝性疾患子孫防止法」は障害を持つ市民の強制不妊を命じるものだ。障害を持つドイツ市民をガス室で殺害する「T4《テーフィア》作戦」がこれに続き、一九三九年には、彼らを慈悲死に処す権限が医師たちに委ねられた。

私たちはファシズムを反個人主義の思想で、その力は画一的な民衆に由来すると考えがちだ。だがヒトラーは、「個人の価値」と「能力主義の理念」の両方を繰り返し称賛している。ファシズムの階層《ヒエラルキー》に構造を与えて怠惰の罪を説明するのは、社会ダーウィン主義の〝個人の価値〟という観念だ。ファシズムにおける「集団」は、労働や戦争での達成能力と人を凌駕する能力を基に秩序化される。ヒトラーが自由民主主義を非難するのは、正反対の思想、つまり自然な実力主義闘争の勝利とは無関係に人の価値を認める思想を体現するものだからだ。ヒトラーが個人主義と両立しないとして民主主義を糾弾したのは、個々の市民が熾烈な競争で他者の上にのし上がることを許さないからだ。ファシズムの「個人の自由」の視点は、自由至上主義者《リバタリアン》が唱える「個人の自由権」の概念に近い。競い合う権利はあるが、かならずしも成功——生き延びることさえ——できるとは限らない、という考えだ。

経済的自由至上主義《リバタリアニズム》の原理は「自由《フリーダム》」に独特の解釈をする。自由は制約のない自由市場によって定義される。「いかなる規制の強制も受けない市場」という〝フラットな競技場〟に出入りできることで「自由」は成立する。戦いに敗れた場合、負けたのは自分の責任だ。経済的リバタリアニズムは「自由」と「徳」の両方を「富」と結びつける。これらの原理によれば、人は戦って財を成すことで自由を〝獲得〟する。戦って自由を〝獲得〟できなかった者には自由を得る資格がない。「個人」を超えた一般化をしない真の経済的リバタリアニズムとは相容れない「集団ごとの価値の序列」が、ファシズムには関わってくるが、このふたつの思想は価値を測る原理を同じくする。

二〇一二年の米大統領選で共和党の副大統領候補ポール・ライアンは、米国社会が〝税金に頼らない人〟と〝税金に頼る人〟に分かれていると繰り返し口にした。〝税金に頼らない人〟の数を増やし〝税金に頼る人〟の数を減らすことが肝要、とライアンは主張した。彼は当時、米国は〝税金に頼る人〟が多数派で〝税金に頼らない人〟が少数派の社会――つまり、〝税金に頼る人〟が〝払った税金以上の利益を連邦政府からドル価値で受け取っている〟社会――になりかけていると、繰り返し懸念を表明した。このイデオロギーにしたがえば、〝税金に頼らない人〟には財産があるから〝税金に頼る人〟より価値が高い。最近ライアンは〝税金に頼らない人〟と〝税金に頼る人〟という語法こそ断念したが、同じ方針、つまり財産の少ない人にツケを回し財産の多い人を優遇する姿勢は保ち続けている。例えば、〝税金に頼らない人〟と〝税金に頼る人〟と聞いて異なる肌の色を思い浮かべがちな米国人は、リバタリアニズムを超えてファシズムへと飛び込んでいく。
リバタリアニズムは自由市場でしのぎを削る「個人の自由」を主張するが、同時に、階層構造的に組織された企業を支持してもいる。ファシスト政治がリバタリアニズムの思想を称賛するのは、それもあってのことだ。職場には全権を握るCEOや工場長がいて、おおむね階層構造的に組織されている、というのが国家社会主義の認識だった。私企業には（軍隊と同じく）国家社会主義がプロパガンダに活用できるおなじみの権威主義的構造がある、と彼らは認識していた。国家社会主義者の演説には、「政府の介入」と「自由の喪失」をひも付けてCEOの指導力に美徳を見いだす米国の右翼政治ときれいに響き合うところがある。[*16]
私企業には自分のイデオロギーと合致する原理がある、とヒトラーは見ていた。〝偉大な男〟が卓越した指導力に対して報酬を受ける「能力主義原理」は、彼の心に訴えた。強者は弱者を支配してしかるべきだ。ヒトラーにとって、能力主義は国家社会主義に必須の指導者原理を支えるものだった。「民間の仕事場」にはCEOが指示を出す命令指揮系統があり、階層構造的な仕組みができている（CEOには理事会への報告義務があるが、ファシスト政治では些末なこととしてたびたび無視される）。
ヒトラーはこんなふうに見ていた。〝ふたつの原理は完全に対立している――民主主義の原理は破壊の原理で、場所を問わずその結果は明白だ。個人が権威を持つ原理のほうは、業績の原理と呼びたい〟。[*17] 国家《ステイト》には民主主義に沿って課された規制で事業を侵害する傾向があるから、民主的な政治領域と権威主義的な経済領域は不安定な混合を生む、とヒトラーは警告する。民間事業はすでに〝指導者原理〟にしたがって活動しているのだから、実業家はナチスの運動を支持するはずだとヒトラーは強調した。私企業では、従業員はCEOの指示に従わなければならない。民主的な運営の入り込む余地はどこにもない。だから政治でも指導者は企業CEOのような役割を果たすべきなのだと。

ヒトラーは福祉や労働組合がもたらす保護と同様、消費者や労働者を守る規制も尊重しなかった。万人に手厚い社会福祉制度に力をそそぐ姿勢の根底には、市民一人ひとりに基本的な価値があるという思想がある。自由民主主義者は〝税金に頼らない人〟にも〝税金に頼る人〟にも同等の価値を認める。手厚い社会福祉制度は扇動政治家が乗じやすい「社会の分断」を防ぎ、いたわりという人間相互の絆で団結させる。労働組合は民族や宗教といった背景の違いや性自認、性的指向といった違いを超えて労働者を団結させ、共通の目的へ向かわせる――一致協力した交渉で、より良い取引を目指す。

人間の作った制度に完璧なものはない。社会福祉制度と労働組合もしかり。それでも、制度の欠点を論評する際には、その制度がなければ何が失われるかを問うのが肝要だ。すべての人の条件が良くなるように一致協力するとき、私たちはひとつになれる。見た目や民族、宗教、障害の有無、性的指向、ジェンダーといった違いを超えて、「共通の人間性」を認識できる。黒人も白人も、ジェンダーに関する旧来の観念に合致する人もしない人も、女も男も、キリスト教徒もイスラム教徒もユダヤ教徒もヒンドゥー教徒も無神論者も、誰もが週末の休息や食べるものを必要としていて、老いていく両親を世話する時間や支援を必要としていることを、悲しいことに、継続的に思い出させてもらわないと私たちは忘れてしまいがちだ。私たちに民主主義の精神を与えてくれる制度や政策にも欠点はあるかもしれないが、それのない自由民主主義社会は崩壊の危険にさらされる。

「民主的な政治制度」と「階層制の原理の下で機能している私企業」が併存する社会には紛れもない緊張が存在する、というヒトラーの指摘は間違いではない。私たちの多くはそんな社会に暮らし、それゆえ「民主主義の規範」と「経済の規範」のせめぎ合いから生まれる緊張と共生している。労働運動はそんな苦闘から、週末の休息や一日八時間労働など数々の勝利を勝ち取ってきたし、どれひとつささやかなものではない。民主主義社会には家庭や仕事場や政府機関や市民社会のさまざまな慣行や構造に緊張が生まれる、というヒトラーの指摘はそのとおりだ。ファシズムはそういう相違を排除してその状況を解決すると請け合う。ただ、ファシズムにおいては家族から事業体から国家まで、あらゆる組織と団体は〝指導者原理〟で動く。ファシズム社会では父親が家族を率い、ＣＥＯが事業体を率い、独裁的指導者が国家の父やＣＥＯとして君臨する。大統領がＣＥＯになることを民主社会の有権者が切望するとき、彼らは自身の内なるファシズム的衝動に反応しているのだ。

ファシスト政治の引力は強い。それは人間という存在を単純化し、ひとつの目的を与え、「怠惰（とやら）」で私たち自身の徳と規律を際立たせる怠け者の〝やつら〟を与え、強力な指導者と一体化せよと私たちをそそのかす。その指導者は私たちに世の中の意味を理解させ、〝生きるに値しない〟人々についての直言が耳に心地いい。民主主義が成功した事業体に見えていても、CEOが高圧的で民主的制度を歯牙にもかけず、罵倒していれば、いっそう痛快だ。自分の見下している人々が自分より苦しめられていると、自分の苦しみに耐えられそうな気がする――そんな人間の弱さに、ファシスト政治はつけ込んでくる。

民主的な統治がなされ、非民主的な階層構造の経済があり、「いい暮らし」について多様な視点を備えた組織や協会や地域団体にあふれた豊かで複雑な市民社会に暮らすことから緊張は生まれ、その中を航海することには隔靴掻痒の感があるかもしれない。民主社会の市民であるためには、ある程度、周囲に対する理解や洞察や思いやりが必要で、それは私たち一人ひとりに多くを要求する。

例えば、私たちは消費への「公衆関与」を減らし、労働を〝ポケットにお金を入れて自由に製品を選び、消費に基づいて自分の個性を形作れるような消費者市場へ入るための切符〟と考えることもできる。

あるいは、世界を漫遊して世界の文化とその驚きに敬意をいだき、世界の難民キャンプで暮らす人々とアイオワ州の小さな町の住民をどちらも自分の隣人と考えると同時に「地域の伝統や義務」とのつながりも維持することで、国際的な視野を持ちながら〝我々〟とは何かについての理解を広げることもできる。

しかし、時間と文化を自在に動くという魅力的な展望は、経済的不平等があからさまな状況ではきわめて難しい。それにはさまざまな相違についての幅広い経験が必要だ。寛大かつ賢明で、実証的な科学と詩的な真実に力を入れる「教育」も必要かもしれない。米国で一人の子が質の高い大学で一年間教育を受けるために世帯収入の全額を必要とするとき、私たちはこう問わなければならない。私たちのいったい誰が、成功した寛大な国民の一員になれるのか？　米国くらい学費の高い国では、寛大な自由主義的展望はファシズム扇動政治家の格好の攻撃対象になる。経済的不平等があからさまで、裕福な少数の人間しか「自由主義の教育がもたらす恩恵」や「多様な文化や規範との出会い」を手にできないとき、自由主義的な寛容さはエリートの特権とあっさり片づけられる。露骨な経済的不平等はファシズムの民衆扇動を招きやすい。そんな環境で自由民主主義的な規範が生き延びられると考えるのは「絵空事」でしかない。

エピローグ

ファシスト政治の仕組みはすべて別の仕組みの土台となり、たがいに支え合っている。ファシスト政治は〝我々〟が主役で〝やつら〟がいない「理想化された架空の過去」を土台にし、〝我々〟が苦労して手に入れたお金を奪い取り〝我々〟の伝統を脅かす「腐敗したリベラルエリート」への憤りに支えられて、〝我々〟と〝やつら〟は別物だという神話を織り上げる。〝やつら〟は自由を与えても無駄な（自由を手にするに値しない）怠け者の犯罪者だ。〝やつら〟は自由主義や〝社会正義〟というレトリックで破壊的な目標を覆い隠し、〝我々〟の文化と伝統を破壊して〝我々〟を弱らせようと躍起になっている。〝我々〟は働き者で、法律を遵守し、労働によって自由を獲得してきた。〝やつら〟は怠け者で、性的に倒錯していて、退廃的だ。ファシスト政治は現実が明らかであってもかまわず妄想に手を染め、〝我々〟と〝やつら〟のような偽りの区別を創り出そうとする。

私の主張を過剰反応だと罵り、現在の事例は過去の大罪と比べられるほど極端ではないと異議を唱える人もいるだろう。しかし、ファシズムの神話が常態化する脅威は現実のものだ。〝常態化〟に害はないと、人は考えたくなる。異常が見えないときに警戒の必要はない、と。それでも、何が正常かについて私たちの判断がつねに信頼できると限らない点は、歴史学と心理学の両方が論証している。イェール大学の哲学者ジョシュア・ノーブと同大の心理学者アダム・ベアは、コグニション誌に掲載された二〇一七年の論文「一部統計的、一部評価的」で、正常かどうかの判断は、人々が「統計的に正常」と考えることと「観念的に正常」――つまり、健全で適切――と考えるものの両方から影響を受けることを例示した。[*1] この二人はニューヨーク・タイムズの日曜レビューに掲載された記事で私たちの現実社会についての判断力を結論づけ、トランプ大統領の継続的な振る舞い――以前なら驚くべきものととらえられた言動――は、現実に不穏な影響をもたらすと主張した。〝こういう言動を以前に比べ「よくあること」と見られるようになっているだけではない。「ふつうのこと」と思うようになってきている。その結果、それほど悪いこととは思わなくなり、よって、激しく憤るほどの問題ではないと思うようになる〟[*2]と。

ノーブとベアの研究は、民主主義からファシズムへの移行期を生きる人々が個人的経験から大きな危機感を持って繰り返し力説すべき現象、つまり、かつては想像もできなかったことが正常ととらえられる傾向が出てきていることの根拠を提供している。これは私の祖母イルゼ・スタンリーの回想録『忘れられた人々』（一九五七年）の中心的テーマでもあった。祖母は可能なかぎりの最後――一九三九年七月――までベルリンにとどまり、秘密裏に仕事を続けていた。一九三六年から〝水晶の夜事件〟［一九三八年一一月九日夜から一〇日にかけてドイツ各地で発生した反ユダヤ人暴動］まで、彼女はナチス社会福祉員を装って危険を承知でザクセンハウゼン強制収容所に入り込み、閉じ込められていた何百人かのユダヤ人を一人また一人と死から救い出していった。祖母はこの本の中で、「強制収容所で目撃した極端な状況」とベルリンのユダヤ人社会による「状況の深刻さの認識」が大きく乖離していた――つまり、状況が常態化していた――と指摘し、その状況について詳述している。彼女は隣人たちに真実を悟らせようとした。

塀の外にいる人たちにとって、強制収容所は一種の労働収容所だった。被収容者が暴力を受けていて、殺された人もいるという噂はささやかれていた。だが、その悲劇的な現実は何ひとつ理解されていなかった。私たちはまだ国外へ行くこともできた。自分の家に住んでいられたし、ユダヤ教寺院で礼拝できたし、ゲットー［ユダヤ人街］に隔離されてはいても、ユダヤ人住民のほとんどはまだ生きていた。

平均的なユダヤ人にとってはそれで充分と思われた。私たちはみな、最後のときを待っていることに気がついていなかった。

これは一九三七年のことだ。

私たちは米国で、特定人種の大量投獄が加速すると同時に極端な政策が常態化するところを見てきた。これは私が生まれてからいままでに起こったことだ。米国で銃乱射事件が常態化したのはつい最近のことだ。つい最近まで自由民主主義を謳歌していたハンガリーとポーランドでファシズムが急速に常態化した生々しい実例もある。そしていま、難民と不法就労者が公に残酷な扱いを受けることが世界中で常態化している。米国では、ドナルド・トランプの移民排斥キャンペーンが波及するにつれ、さまざまな背景を持つ無数の不法就労者が匿名の民営収容施設へ押しやられ、公の目と関心から隠されるようになった。

常態化は「道徳的に異常なこと」を「ふつうのこと」へ変容させる。かつて耐えがたかったことをこれまでずっとそうだったように思わせて、私たちが耐えられるように誘導する。逆に、〝オオカミ少年症候群〟と同じく、〝ファシスト〟という言葉にも感覚が麻痺し、危険だという訴えが大げさに思えてくる。ファシズムが常態化しているとき〝ファシズム〟という告発が過剰反応に感じられるのは当然のことだ——こういう気がかりな方向へ、社会が変わっていくときであっても。常態化とは、「思想的に極端な状況」が忍び寄ってきているのにそれがふつうに思えるようになってきて、極端な状況と認識されなくなることを指す。〝ファシズム〟との告発は毎回大げさと受け止められる。常態化とは

〝過激な〟言葉を合法的に使えるよう、たえずゴールポストをずらしていくことなのだ。

私たちの「正常の感覚」と「正常を判断する力」が揺れ動いているからといって、いまファシズムが到来しているとは限らない。それでも、「ファシズムだという告発は大げさだ」と直観しただけでは、この言葉の使用に反対するには充分とは言えない。ただし、ファシスト政治が忍び寄っていると主張するためには、ファシスト政治が意味するところとその戦術を細かく理解してもらうことが必要になる。

ファシズムの戦術を駆使して政治的利益を得ようとする人々には、さまざまな目標がある。少なくとも、いま彼らが――ヒトラーが意図していたように――世界を支配するために民衆の動員を目論んでいるようには見えない。しかし、目標はさまざまでも、「ファシズム的思考とファシズム政治は相乗的に作用し、このふたつには共通の側面がある。私は米国人だから、こう指摘せざるを得ない。目標のひとつは、ファシズムの戦術を偽善的に使って中間層や労働階級の白人の前でナショナリズムの旗を振り、寡頭体制の支配者の手に国の利益をそそぎ込むことにあるのではないか、と。同時に、米国の黒人差別法時代のように政治家たちは、国民意識《ナショナルアイデンティティ》は〝値段が付けられないくらい素晴らしい〟地位と威厳をもたらすと、自分の支持者たちに請け合っている。

ファシスト政治が提示する代替案は、安定した民族国家《ネイション・ステイト》を維持できるような自由《フリーダム》の体《てい》をなしておらず、自由《リバティ》を保証することもできないのだが、彼らはその事実をひた隠しにしながら、民主主義的な規範からの解放を餌に聴衆をおびき寄せようとする。国家という舞台で〝我々〟と〝やつら〟に民族や宗教や人種をめぐる確執があれば、長期的な安定は維持できない。実際問題、よしんばファシズムが安定した国家を維持できるとしても、それは優れた政治共同体と言えるだろうか？　子どもたちが社会的な価値観や規範を身につけた結果、他者の立場に立って物事を考えられる「まっとうな国」だと言えるだろうか？　子どもたちに憎しみを教えることはできるかもしれないが、社会化の一局面で憎しみを肯定することは予期せぬ結果をもたらす。自分の子たちのアイデンティティが社会的に他者を排斥することでもたらされた遺産を土台にしたものであってほしいと、人は本気で願うものだろうか？

気候変動とその影響の増大が避けられず、これまで論じてきた「私たちの時代特有の政治と社会の不安定」があり、グローバル経済による不平等の拡大に緊張と摩擦が生じている状況を見るかぎり、近い将来、私たちは国境の向こうの恵まれない人たちが起こす運動――第二次世界大戦時の難民の運動も含めた前時代の運動が小さく見えるような大運動――に直面するだろう。心に傷を負い貧困に陥って援助を必要としている（合法的移民を含めた）難民たちの性質は、階層上位集団の特権を維持しながらファシスト政治を駆使することに全力を注ぐ政治指導者や政治運動によって「人種差別的な固定観念」に合致するよう書き換えられてしまう。世界中に大勢いる思慮深い市民は、このプロセスはすでに動きだしていると信じている。難民の物語――難民キャンプの暮らしや、恐怖と紛争から逃れてキャンプへたどり着くまでの苦難、キャンプ暮らしの長期化に伴う絶望感――は、共感を生むどころか、ファシズムの計略によってテロと危険の根源という役を押し付けられる。彼らは言葉に表せない恐怖を味わいながら、苦しみの末にそれまでより安全な岸へたどり着いた人々だ。このような人々までも根本的脅威として描くのは、ファシズム神話の幻想力がなせる業なのだ。私は本書でその構造の詳説に努めてきた――読者がそれを認識し、抵抗できるように。

私たちは大きな難題に直面する。恐怖と不安感に導かれ、人間の尊厳を追い求めて、神話的優越という居心地のいい腕に抱かれた国へ逃げ込まざるを得なくなったとき、「人類共通の人間性《ヒューマニティ》」という感覚をどう維持すべきか？ 厄介な問題の数々は私たちの時代の特徴だ。それでも、私たちは進歩的な社会運動の歴史に慰めを得ることができる。社会運動は過去に、分の悪い戦いで苦闘の末、人々の共感を引き出すプロジェクトに成功してきた。

ファシスト政治が狙いを定める対象――難民、フェミニズム、労働組合、人種的・宗教的・性的少数者――の中に、私たちを分断するための手口が見える。だがファシスト政治最大の標的は、彼らが想定する聴衆、つまり人の地位に〝値する〟と見なしたすべての人を幻想の手に捕らえ、その人たちが徐々に集団妄想に操られるよう陥れていくことである点を忘れてはならない。その聴衆や地位からはじかれた人々は世界の収容所で待っている。

仮想敵と見なされた老若男女が、強姦犯や殺人犯やテロリストの役を振られようとしている。私たちはファシズム神話の魅惑を拒絶することで、たがいに関わり合う自由を維持することができる。私たちみんなに欠点や弱点があり、誰の思考や経験や理解も完全ではないが、私たちの誰一人、悪魔ではないのだから。

謝辞

母サラ・スタンリーと父マンフレッド・スタンリーは西欧と東欧の反ユダヤ主義の恐怖をくぐり抜け、難民として米国へ渡ってきた。父は六歳の誕生日を迎える一〇日前、「水晶の夜事件」を生き延びたという。母はポーランド東部の出身で、シベリアの労働収容所を生き延びたあと、一九四五年にワルシャワへ送還され、そこで母の両親とともに戦後ポーランドの残忍な反ユダヤ主義を体験した。私もまた祖母イルゼ・スタンリーの遺産で育てられ、一九三〇年代のベルリンの状況について彼女が著した回想録『忘れられた人々』から、あの時代の情報を得た。家族の経歴は私に厄介な感情の重荷を背負わせることになった。だがそれは、本書を書く準備を整えるという大事な役割も果たしてくれた。

しかし、もちろん、本書は欧州だけに根差した話ではない。私に大きな知的影響を与えた一人に継母のメアリー・スタンリーがいる。メアリーは私の人生に早いうちから入ってきて、私の中に自然と米国史を染みこませてくれた。メアリーのおかげで奴隷制廃止論や労働運動史、そして何より、彼女が学生時代に身を投じていた市民権運動について、早くから学ぶことができた。私の両親の未来展望は悲観的と言っても大げさではない——私はこの感情的遺産と格闘して、次の世代に渡さないよう努めている。メアリーはいつもそばにいて、希望の居場所を一割残しておきなさいと忠告してくれた。また、いくつもの原稿に丹念に目を通してくれ、本書には彼女の感想の賜物と言うしかない箇所もいくつかある。自分の人生に彼女がいてくれて本当に良かったと思うし、大きな恩義を感じている。

ファシズムに米国の歴史が果たした重要な役割に目を向けるよう促してくれたのは、メアリーの声だけではない。米国の人種差別が欧州のファシズムにどんな影響を与えたかを辛抱強く教えてくれた歴史学者のダナ・マーチや哲学者のクリスティ・ダットソンのような、すばらしい友人たちに恵まれてきた。ダットソンとマーチは寛容な研究調査チームのほんの一部であり、ティモシー・スナイダーとマーシ・ショアが率いるそのニューヘイブン支部には、レジナルド・ドウェイン・ベッツ、ロビン・デンブロフ、ゾルタン・ジェンドラー＝サボー、アントゥアン・ジョンソン、ベン・ジャスティス、タイタス・ケイファー、キャスリン・ロフトン、トレイシー・メアーズ、クローディア・ランカイン、ジェニファー・リッチェソン、アンシャル・ヴァーマらがいる（一部しか名前を挙げられないのが残念でならない）。私の研究に惜しみない協力をいただいているニューヘイブンの友人グループに感謝を表したい。また、イェール大学で私のプロパガンダ学、イデオロギー学、民主主義学の講座を取った学部生たちにも感謝したい。彼らから、この何年かで、非常に多くのことを学ばせてもらった。ニューヘイブン以外でも、ルイス・ゴードン、ロリ・グルーエン、ハワード・カーン、サリ・キシレフスキー、マイケル・リンチ、ケイト・マン、チャールズ・ミルズ、デイビッド・リビングストン・スミス、アミア・スリニバサン、ケン・テイラー、リン・ティレル、エリザベス・アンダーソン、ピーター・レイルトンら、数多くの思想家が本書のトピックに関する私の考えに影響を与えてくれた。二〇一五年の拙著〔『プロパガンダはどう機能するか *How Propaganda Works*』〕のプロパガンダ理論とファシズム政策の関連について説明を求めてきたブライアン・ライターとサミュエル・ライターにも感謝したい。[*1] 私はいま、プリンストン大学出版から発刊予定の『ハッスル――言語の政治 *Hustle: The Politics of Language*』という本に取り組んでいるが、その共著者で言語学者のデイビッド・ビーバーに、とりわけ大きな恩義を感じている。デイビッドは本書の執筆過程でずっとかけがえのない話し相手だった。

　前著に続き、ファシズムについて書いてみないかというプリンストン大学出版局の編集者ロブ・テンピオの提案から、本書の企画は始まった。彼の知的な寛容性と、政治的に重要な作品ができるはずと私を信頼してくれたことに感謝している。一般書を書いたことがなかった私は友人たちの薦めで複数の代理人（エージェント）に連絡を取り、〈リーガル・

ホフマン&アソシエイツ〉のステファニー・スタイカーに依頼することにした。二人の仕事関係が始まった二〇一七年の夏、私にあったのは本書の概要二ページ分に過ぎなかった。九月の初めに、初めてステファニーと会った。以来、彼女はずっと私を支え、ありのままの真実を聞く必要があるときにそれを聞かせてくれ、（同じくらい大事なことだが）ありのままを伝えるのは酷と判断したときにはそれを私から隠してくれた。彼女は無数の草案を読み、何度となく私を危険な浅瀬から離れさせて開放水面へと導いてくれた。ランダムハウスの編集者モリー・タービンとの邂逅も同じくらい大きな幸運だった。二〇一七年一一月に出版の権利を取得したあと、彼女は六本の草稿を読んで、それこそ一行一行に詳細な編集作業をほどこしてくれた。本書の執筆に光るところがあるとしたら、そのほとんどは彼女の功績だ。ステファニーとモリーには深い恩義を感じている。

ニューヘイブンの自宅では、義母のカレン・アンブッシュ・タンデから継続的に、さまざまな（例えば、黒人の伝統についての深い知識で、着想を得るための重要な相談役を務めてくれるといった）支援をいただいた。私の二人の子ども、アラインとエミルは大きな喜びの源泉であると同時に、本書の必要性を思い出させてくれる存在でもあった。私は彼らに精神的負荷をかけないよう気をつけながら、彼らの血筋に由来する知恵を受け渡すべく奮闘してきた。それをやり遂げることができたなら、私の最大の勝利になるだろう。例によって最後になるが、パートナーのンジェリ・タンデに最大の恩義を感じている。私がこれ以上の恩義を感じている人はほかにいないし、これ以上の敬意をいだいている人もほかにいない。

訳者あとがき

ジェイソン・スタンリー著『ファシズムはどこからやってくるか』（原題 *How Fascism Works*, 2018, Penguin Random House）をお届けする。

著者ジェイソン・スタンリーは一九六九年、米ニューヨーク州シラキュース生まれ。高校卒業後、国の交換留学生として一年間ドイツに渡る。帰国後、ニューヨーク州立大で言語哲学や言語学を学び、大学院で修士号を取得。さらにマサチューセッツ工科大学（MIT）で博士号を取得した。英国の大学で講師を務めたのち米国コーネル大、ミシガン大、ラトガース大などで教鞭を執り、二〇一三年からイェール大の哲学教授に就任した。ニューヨーク・タイムズへの寄稿者としても知られ、専門は言語哲学と認識論。これらの学問をツールに、最近は政治思想の問題にも取り組んでいる。二〇一五年の前著『*How*

Propaganda Works（プロパガンダはどう機能するか）』が話題になり、アメリカ出版社協会が優れた学術出版物に贈るプローズ賞哲学部門を受賞。これをステップに一般読者を対象として書かれたのが本書である。米国をはじめ世界各地で顕著になってきている全体主義的な傾向に警鐘を鳴らし、ファシズムの政治が台頭するときには前段階でどのような兆候が見られるかを分析すると同時に、そのような社会にはファシズムの種がどのように撒かれてきたかを歴史的に検証する意欲作だ。

著者がどのような環境で育ち、現在のような研究に至ったかについては、本書の〝序章〟と〝謝辞〟に詳しく書かれているのでそちらに譲ることにするが、迫害や差別と闘ってきた血筋であり、現在の家族構成もあって、そのような問題に非常に敏感にならざるを得ない環境で生きてきたとだけ記しておこう。

ナショナリズム、強圧的な政治、人種差別、少数派の弾圧、移民排斥、社会の分断など、近年、世界のあちこちで反民主主義的な動きが次々報道されている。ある種の現象が社会で常態化し始めるときには全体主義の危険が目の前に迫っている、と著者は指摘し、〝ファシズム〟という言葉をキーワードに、現在の世界がはらんでいる大きな危険をひもといていく。

ＩＴ技術の飛躍的発達によりネット時代を迎えて一気に広がったグローバリズムへの反動として排他的ナショナリズムが台頭する状況は、近代史において二度目のことであり、世界はその現象をすでに経験している、と著者は説く。一度目の「一九世紀末から二〇世紀前半」に起きた大量虐殺や民族浄化など「力による支配」がもたらす惨劇が頻発しているわけではないとしても、ファシズムを連想させる動きがいま世界的に増大していることは間違いなさそうだ。では、ファシズムとはどのような現象を指し、どのような過程を経て現れてくるものなのか、漠然と感じていた不安の正体を明らかにする視点を本書はいくつも提供している。

著者はその切り口として一〇の章を立て、欧米の歴史と現在を自在に移動しながらファシズムの性質に目を開かせていく。神話的過去、男性支配的な社会構造、被害者意識、高等教育への攻撃、陰謀説、国民を〝我々〟と〝やつら〟に分断する手法……重層的に次々と積み上げられていくファシズムの予兆に、なるほどとうなずき、ときに膝を打ちながら読み進めるうち、読む前とは明らかに異なる視点で周囲の世界を見始める自分がいたことをお伝えしておきたい。

本書では東アジアの情勢には触れていないが、もちろん、著者の分析は日本にも周辺諸国にもぴたりと当てはまる。本書で語られる〝ファシズム〟の視点から自国と近隣の政治を改めて観察するとき、〝あなたのすぐそばにあるファシズム〟に戦慄を覚えるのではないか。著者が〝ファシズム一〇の柱〟と呼ぶ現象を尺度に、各国政権の〝ファシズム度〟を比較考量するのも良いかもしれない。世界の動きを見る「指針」として、ぜひお役立ていただきたいと思う。

二〇二〇年一月

棚橋志行

［著者］ジェイソン・スタンリー（Jason Stanley）
1969年、米ニューヨーク州シラキュース生まれ。イェール大学哲学教授。専門は言語哲学と認識論。ニューヨーク・タイムズやワシントン・ポストへの寄稿者としても知られる。著書にHow Propaganda Works（未邦訳）などがある。

［訳者］棚橋志行（Shiko Tanahashi）
1960年三重県生まれ。東京外国語大学英米語学科卒。出版社勤務を経て英米語翻訳家に。バラク・オバマ『合衆国再生　大いなる希望を抱いて』、キース・リチャーズ『ライフ　キース・リチャーズ自伝』、マイク・タイソン『真相　マイク・タイソン自伝』、ジェフ・パッサン『豪腕　使い捨てされる15億ドルの商品』、マシュー・ポリー『ブルー・スリー伝』他、訳書多数。

人名索引

あ行

か行

さ行

た行

な行

は行

ま行

ら行

註

序文

*1 Charles Lindbergh, "Aviation, Geography, and Race," *Reader's Digest*, Nov. 1939, 64-67.

*2 Richard Steigmann-Gall, "Star-spangled Fascism: American Interwar Political Extremism in Comparative Perspective," *Social History* 42:1 (2017): 94-119. を参照。

*3 Nour Kteily and Emile Bruneau, "Backlash: The Politics and Real-World Consequences of Minority Group Dehumanization," *Personality and Social Psychology Bulletin* 43:1 (2017): 87-104. を参照。

第１章

*1 "Fascism's Myth: The Nation," in Roger Griffin, ed., *Fascism* (Oxford: Oxford University Press, 1995), 43-44.

*2 Alfred Rosenberg, "The Folkish Idea of State," in *Nazi Ideology Before 1933: A Documentation*, ed. Barbara Miller Lane and Leila J. Rupp (Austin: University of Texas Press, 1978), 60-74, 67.

*3 "Motherhood and Warriorhood as the Key to National Socialism," in Griffin, *Fascism*, 123.

*4 "The New German Woman," in Griffin, *Fascism*, 137.

*5 Richard Grunberger, *The 12-Year Reich: A Social History of Nazi Germany 1933-45* (New York: Da Capo Press, 1971), 252-53.

*6 Charu Gupta, "Politics of Gender: Women in Nazi Germany," *Economic and Political Weekly* 26:17 (April 1991).

*7 weev, "Just What Are Traditonal Gender Roles?" *The Daily Stormer*, May 2017. https.//dailystormer.name/just-what-are-traditional-gender-roles/.

*8 Bernard Mees, *The Science of the Swastika* (Budapest: Central European University Press, 2008), 115.

*9 Hannah Beech, "'There Is No Such Thing as Rohingya': Myanmar Erases a History," *New York Times*, December 2, 2017.

*10 https://www.tagesspiegel.de/politik/hoecke-rede-im-wortlaut-gemuetszu-

stand-eines-total-besiegten-volkes/19273518.html.

*11 H. Himmler, "Zum Gleit," Germanien 8 (1936): 193, after Bernard Mees, *The Science of the Swastika* (Budapest, Central European University Press, 2008), 124.

*12 Katie N. Rotella and Jennifer A. Richeson, "Motivated to 'Forget': The Effects of In-Group Wrongdoing on Memory and Collective Guilt," *Social Psychological and Personality Science* 4:6 (2013): 730-37.

*13 B. Sahdra and M. Ross, "Group Identification and Historical Memory," *Personality and Social Psychology Bulletin* 33 (2017): 384–95.

*14 例えば、Ishaan Tharoor, "Hungary's Orbán Invokes Ottoman Invasion to Justify Keeping Refugees Out," *Washington Post*, September 4, 2015. を参照。

第２章

*1 Elizabeth Hinton, *From the War on Poverty to the War on Crime: The Making of Mass Incarceration in America* (Cambridge, MA: Harvard University Press, 2016), 142.

*2 Richard Grunberger, *The 12-Year Reich: A Social History of Nazi Germany 1933-1945* (New York: Da Capo Press, 1995), 90.

*3 W.E.B. Du Bois, *Black Reconstruction*, (New York: Oxford University Press, 2014), 419.

*4 Ibid., 583.

*5 ケイト・マンは、*Down Girl: The Logic of Misogyny* (New York: Oxford University Press, 2018)［『ひれふせ、女たち――ミソジニーの論理』小川芳範訳、慶應義塾大学出版会、2019 年］の中で、クリントンが 2016 年の大統領選挙でトランプに敗北したときにも、同様の弁証法が作用していたと論じている。

*6 Peter Pomerantsev, *Nothing Is True and Everything Is Possible: The Surreal Heart of the New Russia* (New York: PublicAffairs, 2014), 65.［『プーチンのユートピア――21 世紀ロシアとプロパガンダ』池田年穂訳、慶應義塾大学出版会、2018 年］

*7 See Ozan O. Varol, "Stealth Authoritarianism," *Iowa Law Review*, vol. 100 (2015): 1673-1742, 1677.

*8 Frederick Douglass, "What to the Slave Is the Fourth of July?," July 5, 1852. Available at https://www.thenation.com/article/what-slave-fourth-july-freder-

ick-douglass.

*9 Ibid.

*10 Bernard Mees, The Science of the Swastika (Budapest: Central European University Press, 2008), 112-13.

*11 https://www.youtube.com/watch?v=TTZJoCWuhXE.

第3章

*1 例えば、クリス・シーザー（ジャーナリスト）は *Washington Post*, May 16, 2017. の "Trump Ran Against Political Correctness. Now His Team Is Begging for Politeness" という記事でトランプの大統領選キャンペーンの戦略を説明している。

*2 Robert O'Harrow Jr. and Shawn Boburg, "How a 'Shadow' Universe of Charities Joined with Political Warriors to Fuel Trump's Rise," *Washington Post*, June 3, 2017.

*3 Fernanda Zamudio-Suarez, "Missouri Lawmaker Who Wants to Eliminate Tenure Says It's 'Un-American,'" *Chronicle of Higher Education*, January 12, 2017.

*4 Charu Gupta, "Politics of Gender: Women in Nazi Germany," *Economic and Political Weekly* 26:17 (1991): 40-48.

*5 Masha Gessen, *The Future Is History: How Totalitarianism Reclaimed Russia* (New York: Riverhead Books, 2017). Quotes are from 264-67.

*6 Fred Weir, "Why Is Someone Trying to Shutter One of Russia's Top Private Universities?" *Christian Science Monitor*, March 28, 2017.

*7 ジェデダイア・パーディ（コロンビア大学法学院教授）がニューヨーカー誌に執筆した素晴らしい記事（"Ayn Rand Comes to UNC" March 19, 2015.）を参照。私はここから前2段落のノースカロライナに関する情報を得た。

*8 Annie Linskey, "With Patience, and a Lot of Money, Kochs Sow Conservatism on Campuses," *Boston Globe*, February 2, 2018. を参照。

*9 "In Turkey, Crackdown on Academics Heats Up," *Voice of America*, February 14, 2017.

*10 "Science Scorned" (editorial), *Nature* 467.133, September 2010. に引用されている。

*11 Pierre Drieu la Rochelle, "The Rebirth of European Man," in Roger Griffin,

ed., *Fascism*, (Oxford: Oxford University Press, 2010), 202-203.

*12 Adolf Hitler, *Mein Kampf (My Battle)* (Boston and New York: Houghton Mifflin Company, The Riverside Press Cambridge, 1933, Abridged and Translated by E. T. S. Dugdale), 76-77. [『わが闘争』(上・下)、平野一郎・将積茂、角川文庫、1973 年]

*13 Victor Klemperer, *The Language of the Third Reich* (New York: Continuum, 1947), 20-21.

*14 "Fascist Mysticism," in Griffin, *Fascism*, 55.

*15 Michael Lewis, "Has Anyone Seen the President?" Bloomberg View, February 9, 2018.

第4章

*1 Hannah Arendt, *The Origins of Totalitarianism* (New York: Harcourt, Brace, 1973), 351. [『全体主義の起原』(1・2・3)、大久保通義・大久保かおり訳、みすず書房、2017 年(新版)]

*2 Ernst Cassirer, "The Technique of the Modern Political Myths," chapter 18 of *The Myth of the State* (New Haven: Yale University Press, 1946).

*3 Brian Tashman's October 30, 2014, article "Tony Perkins: Gay Rights Part of Population Control Agenda" in *Right Wing Watch*. を参照。

*4 Oliver Hahl, Minjae Kim, and Ezra Zuckerman, "The Authentic Appeal of the Lying Demagogue," *American Sociological Review*, February 2018. を参照。

*5 https://www.thenation.com/article/exclusive-lee-atwaters-infamous-1981-interview-southern-strategy/.

第5章

*1 Jim Sidanius and Felicia Pratto, *Social Dominance: An Intergroup Theory of Social Hierarchy and Oppression* (New York: Cambridge University Press, 1999). を参照。

*2 Felicia Pratto, Jim Sidanius, and Shana Levin, "Social Dominance Theory and the Dynamics of Intergroup Relations: Taking Stock and Looking Forward," *European Review of Social Psychology* 17: 1, 271-320, at 271-72.

*3 http://teachingamericanhistory.org/library/document/cornerstone-speech/.

*4 W.E.B. Du Bois, "Of the Ruling of Men," in W.E.B. Du Bois, *Darkwater* (Dover, 1999).

*5　Alfred Rosenberg, "The Protocols of the Elders of Zion and Jewish World Policy," 44-59 of *Nazi Ideology Before* 1933: A Documentation, ed. Barbara Miller Lane and Leila J. Rupp (Austin: University of Texas Press, 1978), 55.

第６章

*1　W.E.B. Du Bois, *Black Reconstruction in America: 1860-80* (New York: Free Press, 1935), 283.

*2　Michael Kraus, Julian Rucker, and Jennifer Richeson, "Americans Misperceive Racial Economic Equality," *Proceedings of the National Academy of Sciences of the United States of America* 114:39, 10324-31.

*3　著名な初期の論文には Herbert Blumer's "Race Prejudice as a Sense of Group Position," *Pacific Sociological Review* 1:1 (Spring 1958): 3-7. がある。

*4　Maureen Craig and Jennifer Richeson, "On the Precipice of a 'Majority-Minority' America: Perceived Status Threat from the Racial Demographic Shift Affects White Americans' Political Ideology," *Psychological Science* 25:6 (2014): 1189-97.

*5　M. A. Craig, J. M. Rucker, and J. A. Richeson, "Racial and Political Dynamics of an Approaching 'Majority-Minority' United States," *Annals of the American Academy of Political and Social Science* (in press, April 2018).

*6　Michael Kimmel, *Angry White Men: American Masculinity at the End of an Era* (New York: Nation Books, 2013), 110-11.

*7　Ibid., 112.

*8　Kate Manne, *Down Girl: The Logic of Misogyny* (New York: Oxford Press, 2018), 156-57. を参照。

第７章

*1　Shanette C. Porter, Michelle Rheinschmidt-Same, and Jennifer Richeson, "Inferring Identity from Language: Linguistic Intergroup Bias Informs Social Categorization," *Psychological Science* 27:1 (2016): 94-102.

*2　James Baldwin, "Negroes Are Anti-Semitic Because They Are Anti White," *New York Times*, April 9, 1967.

*3　Nic Subtirelu, "Covering Baltimore: Protest or Riot?" *Linguistic Pulse: Analyzing the Circulation of Discourse in Society*, April 29, 2015.

*4　David Roodman, "The Impacts of Incarceration on Crime Open Philanthropy

Project," September 2017.

*5 Amy Lerman and Vesla Weaver, *The Democratic Consequences of American Crime Control* (Chicago: University of Chicago Press, 2014). を参照。

*6 W. E. Burghardt Du Bois, *The Annals of the American Academy of Political and Social Science*, 11:1-23, January 1898.

*7 Aneeta Rattan, Cynthia Levine, Carol Dweck, and Jennifer Eberhardt, "Race and the Fragility of the Legal Distinction Between Juveniles and Adults," *PLoS ONE* 7:5, May 23, 2012.

*8 Rebecca C. Hetey and Jennifer L. Eberhardt, "Racial Disparities in Incarceration Increase Acceptance of Punitive Policies," *Psychological Science* 25:10 (2014): 1949-54.

第８章

*1 Keith Nelson, "The 'Black Horror on the Rhine': Race as a Factor in Post-World War I Diplomacy," *Journal of Modern History* 42.4 (December 1970): 606-27.

*2 "Rape, Racism, and the Myth of the Black Rapist," in Angela Davis, *Women, Race and Class* (New York: Random House, 1981), 173.

*3 Crystal Nicole Feimster, *Southern Horrors: Women and the Politics of Rape and Lynching* (Cambridge, MA: Harvard University Press, 2009), 78-79.

*4 例えば、Ibid., 90. を参照。

*5 Charu Gupta, "The Myth of Love Jihad," *Indian Express*, August 28, 2014. Gupta also has an academic article on the Love Jihad myth, "Allegories of 'Love Jihad' and Ghar Vāpasī: Interlocking the Socio Religious with the Political," *Archiv Orientální* 84 (2016): 291-316.

*6 Julia Serano, *Whipping Girl: A Transsexual Woman on Sexism and the Scapegoating of Femininity* (Berkeley: Seal Press, 2007), 15.

*7 Johanna Laakso, "Friends and Foes of 'Freedom'," *Hungarian Spectrum* (online), December 28, 2017.

第９章

*1 *Mein Kampf*, 52.

*2 Adolf Hitler, Gerhard Weinberg, and Krista Smith, *Hitler's Second Book: The Unpublished Sequel to Mein Kampf* (Enigma Books, 2006), 26.［『ヒトラー第二の

書——自身が刊行を禁じた「続・わが闘争」』立木勝訳、成甲書房、2004 年]

*3 Alfred Rosenberg, "German Freedom as a Prerequisite for Folk Culture," in *Nazi Ideology Before 1933: A Documentation*, ed. Barbara Miller Lane and Leila J. Rupp (Austin: University of Texas Press, 1978), 124-26.

*4 "Official Party Statement on Its Attitude Toward the Farmers and Agriculture," in Lane and Rupp, *Nazi Ideology Before* 1933, 118-23.

*5 Ibid., 122.

*6 Maria Sacchetti and Emily Guskin, "In Rural America, Fewer Immigrants and Less Tolerance," *Washington Post*, June 17, 2017.

*7 Lucy Pasha-Robinson, "French Election: Marine Le Pen Wins Just 5% of Paris Vote While FN Rural Support Surges," *Independent*, April 24, 2017.

*8 https://www.bbc.com/news/world-europe-39870460.

*9 Nico Passchier, "The Electoral Geography of the Nazi Landslide: The Need for Community Studies," in *Who Were the Fascists*, ed. Stein Ugelvik Larsen, Bernt Hagtvet, and Jan Petter Myklebust (Oslo: Universitatsforlaget, 1980), 283-300.

*10 Elliot Ackerman, "Atatürk Versus Erdoğan: Turkey's Long Struggle," *New Yorker*, July 16, 2016.

*11 以下の章より。"The Jews" in Richard Grunberger, *The 12-Year Reich: A Social History of Nazi Germany 1933-1945* (New York: Da Capo Press, 1995), 458.

*12 *Mein Kampf*, 9.

*13 R. W. Darré, "The Peasantry as the Key to Understanding the Nordic Race," in Lane and Rupp, *Nazi Ideology Before 1933*, 103-106.

*14 プーチンの出生率へのこだわりは Masha Gessen, *The Future Is History: How Totalitarianism Reclaimed Russia* (New York: Riverhead Books, 2017), 374-75. を参照。

*15 Benito Mussolini, "The Strength in Numbers," in Roger Griffin, ed., *Fascism* (Oxford: Oxford University Press), 58-59.

*16 *Mein Kampf*, 127.

*17 Gregory Paul Wegner, *Anti-Semitism and Schooling Under the Third Reich* (New York: Routledge / Studies in the History of Education, 2002), 59.

第 10 章

*1 "Guidelines of the German Workers' Party," *Nazi Ideology Before 1933: A Documentation*, ed., Barbara Miller Lane and Leila J. Rupp (Austin: University of

Texas Press, 1978), 10.

*2 Martin Gilens, "'Race Coding' and White Opposition to Welfare." *American Political Science Review* 90.3 (September 1996): 593-604.

*3 Hannah Arendt, "The Seeds of a Fascist International," *Jewish Frontier* 1945, 12-16. Passage appears on p. 147 of Hannah Arendt, *Essays in Understanding*, ed. Jerome Kohn (New York: Random House, 1994). [『アーレント政治思想集成 1——組織的な罪と普遍的な責任』齋藤純一・山田正行・矢野久美子訳、みすず書房、2002 年]

*4 Timothy Snyder, *Black Earth: The Holocaust as History and Warning* (New York: Crown, 2015), 228. [『ブラックアース——ホロコーストの歴史と警告』(上・下)、池田年穂訳、慶應義塾大学出版会、2016 年]

*5 "Situation of Human Rights of Rohingya Muslims and Other Minorities in Myanmar," Report of the United Nations High Commis sioner for Human Rights, Annual Report of the United Nations High Commissioner for Human Rights and Reports of the High Commissioner and the Secretary-General, June 28, 2016.

*6 Frantz Fanon, *Black Skin, White Masks* (New York, Grove Press, 2008), 73.

*7 Devah Pager, "The Mark of a Criminal Record," *American Journal of Sociology* 108:5 (March 2003): 937-75.

*8 Douglas Blackmon, *Slavery by Another Name: The Reenslavement of Black Americans from the Civil War to World War II* (New York: Dou bleday, 2008).

*9 Elizabeth Hinton, *From the War on Poverty to the War on Crime: The Making of Mass Incarceration in America*, (Cambridge, MA: Harvard University Press, 2016),163.

*10 Lewis Gordon, *Bad Faith and Anti-Black Racism* (Humanity Books, 1995). また、Charles Mills, "White Ignorance," in Shannon Sulli van and Nancy Tuana, *Race and Epistemologies of Ignorance* (SUNY Press, 2007), 13-38, そして、Gaile Pohlhaus, "Relational Knowing and Epistemic Injustice: Toward a Theory of Willful Hermeneutical Ignorance," *Hypatia: A Journal of Feminist Philosophy* 27:4 (2012): 715-35. も参照。

*11 *Mein Kampf*, 258.

*12 Archon Fung, "It's the Gap, Stupid," *Boston Review*, September 1, 2017.

*13 W.E.B. Du Bois, *Black Reconstruction in America*: 1860-1880 (New York: Free Press, 1935), 580.

*14 Marc Dixon, “Limiting Labor: Business Political Mobilization and Union Setback,” *States Journal of Policy History* 19.2 (2007): 313-44.

*15 Michael Pierce, “The Origins of Right to Work: Vance Muse, Anti Semitism, and the Maintenance of Jim Crow Labor Relations,” *Labor and Working Class History Organization*, January 12, 2017.

*16 経済的リバタリアニズムがもたらす反自由主義的影響とこれらの段落の主題については、エリザベス・アンダーソンの 2017 年の著作 Private Government: How Employers Rule Our Lives (And Why We Don’t Talk About It), (Princeton University Press, 2017). も参照。

*17 Hitler’s Speech to the Industry Club in Düsseldorf, in Max Domarus, ed., *Hitler: Speeches and Proclamations 1932-1945, The Chronicle of a Dictatorship* (London: I. B. Tauris, 1990), vol. 1, 94-95.

エピローグ

*1 Adam Bear and Joshua Knobe, “Normality: Part Statistical, Part Evaluative,” *Cognition*, vol. 167 (October 2017): 25-37.

*2 Adam Bear and Joshua Knobe, “The Normalization Trap,” *New York Times* Sunday Review, January 28, 2017.

謝辞

*1 Brian Leiter and Samuel Leiter, “Not Your Grandfather’s Propaganda,” *The New Rambler Review*, October 2015.

ファシズムはどこからやってくるか

2020 年 2 月 25 日　第 1 刷印刷
2020 年 3 月 5 日　第 1 刷発行

著者——ジェイソン・スタンリー
訳者——棚橋志行

発行者——清水一人
発行所——青土社

〒 101-0051　東京都千代田区神田神保町 1-29　市瀬ビル
［電話］03-3291-9831（編集）　03-3294-7829（営業）
［振替］00190-7-192955

本文組版——フレックスアート
印刷・製本——シナノ印刷

装幀——コバヤシタケシ

カバー画像——Everett Histrical/Shutterstock.com

ISBN 978-4-7917-7251-3 C0030
Printed in Japan